ZU DIESEM HEFT

Es heideggert in diesem Heft: In gleich drei Beiträgen spielt der Philosoph eine Rolle, nie ist der Bezug rein affirmativ, aber es scheint, dass Martin Heidegger da, wo das Denken aufs Grundsätzliche geht, um existenzielle Fragen, um Leben und Tod, ein Bezugspunkt bleibt, von dem man im Guten wie im Bösen schlecht absehen kann.

Am wenigsten überrascht der Bezug in Wolfram Ettes Auseinandersetzung mit einem gerade aus dem Nachlass veröffentlichten Band von Klaus Heinrich – da geht es um eine Vorlesung Heinrichs aus dem Jahr 1990, in der der Religionsphilosoph sich kritisch mit Heideggers Ereignisphilosophie auseinandersetzt. Auch für den Rezensenten Ette schließt sich ein Kreis: Es ist die Wiederbegegnung mit einer Vorlesung, die er als Student selbst besucht hat.

Bei Jens Soentgen geht es um eine Grundverfasstheit anderer Art, die Tatsache nämlich, dass das In-der-Welt-Sein des Menschen ein An-Land-Sein ist, er aber wie alles Leben dem Wasser entstammt. Und so denkt Soentgen über Meer und Land nach, stößt auf den vergessenen Autor Heinrich Simroth und dessen Buch *Die Entstehung der Landtiere* von 1891 und preist das Meer als immerhin mildernden Faktor im rasanten Klimawandelprozess.

Über das Verhältnis der Philosophie – und der Philosophen – zum Tod schreibt Tatjana Noemi Tömmel. Auch dies ein Feld, auf dem man um Heidegger nicht herumkommt – gerade weil er ein so typisches und darin abschreckendes Beispiel für die Missachtung des Aspekts ist, um den es Tömmel dabei geht. Die Philosophie denkt vorzugsweise über den Tod als den je eigenen nach, ohne zu bedenken, wie sehr viel gravierender für uns als soziale Wesen der Tod der Anderen ist.

Eine der schönen Fügungen, die sich manchmal ergeben, ist es, dass Björn Krögers melancholischer Essay *Sterbelehre am Stechlin* zwischen Meer und Land und dem Sterben eine perfekte Brücke schlägt. Ohne Heidegger, dafür mit Fontane.

CD/EK

Gregory Jones-Katz

Bildungskapitalismus in China

Im Westen bewundert man, sagen wir es offen, den chinesischen Fokus auf Erziehung. Oft geht es dabei um ein spezifisches Modell: Konfuzius nämlich, der in *Vier Bücher* und *Fünf Klassiker* die Betonung auf kindliches Wohlverhalten gegenüber den Eltern, auf Menschlichkeit und Rituale gelegt hat. Mir ist ohnehin nicht wohl, wenn man im Westen Konfuzius heranzieht, um Verallgemeinerungen über die chinesische Kultur daraus abzuleiten. Besonders skeptisch bin ich allerdings, seit ich an einer von neun Hochschulen gearbeitet habe, die in China in Kooperation mit westlichen Bildungsinstitutionen entstanden sind. Zum selben Thema, ja manchmal im selben Atemzug, äußern Menschen im Westen regelmäßig unfreundliche Stereotype, darunter das von den auf eine akademische Karriere besessenen »Tiger-Eltern« und der fleißigen chinesischen (oder überhaupt asiatischen) Studentin. Dabei ist die »Tiger-Mutter« ein in den USA entstandenes Konzept, popularisiert von Amy Chua in *Die Mutter des Erfolgs*, einem Buch, das den Begriff ironischerweise überhaupt erst nach China gebracht hat. Nicht zu Unrecht haben westliche Leser in Chuas Tiger-Mutter eine Art elternpädagogischen Gegenentwurf zu Thomas L. Friedman entdeckt, der in *Die Welt ist flach* besorgt gefragt hatte, ob amerikanische Schülerinnen und Schüler nicht zu abhängig seien von kurzfristigen Reizen, zu beschäftigt mit den jeweils neuesten Unterhaltungsgeräten und zu faul, um sich dauerhaft konzentriert mit fortgeschrittener Mathematik, Naturwissenschaft und Technik zu beschäftigen – und darum schlecht dafür ausgestattet, auf dem weltweiten Markt zu konkurrieren.

Es ist kein Geheimnis, dass chinesische Eltern mit ziemlich beispiellosem Eifer enorme Summen in die Ausbildung ihrer Kinder stecken. Was sie sich davon erhoffen, ist die Beförderung des Nachwuchses in die akademische Stratosphäre, wobei die Kinder die Familie dann in Richtung Kapital und Kultur katapultieren sollen. Diese Träume und Erwartungen chinesischer Eltern, weltweit sicher an einem extremen Ende angesiedelt, wurzeln in der Tradition, aber mindestens ebenso sehr in ökonomischen Trends und Zwängen jüngeren Datums. Während meiner fünf Jahre in China ist mir klar geworden, dass kein geringer Teil der Leidenschaft von Eltern und Großeltern für die Bildung sich sehr direkt dem gegenwärtigen chinesischen Arbeitsmarkt verdankt, der sich erst nach den ökonomischen Reformen Deng Xiaopings und seiner Getreuen im Jahr 1978 entwickeln konnte.

Diese Veränderungen brachten China mit ausländischen Unternehmungen, ausländischen Bildungssystemen und ausländischer Technologie in Kontakt – mit der reinen Planwirtschaft war es damit vorbei. Allerdings geriet das Land mit dieser Entwicklung auch in die unvertrauten Gewässer dessen, was Zygmunt Bauman »flüchtige Moderne« genannt hat: »die Entfesselung der Macht des Kapitals, gesellschaftliche und gemeinschaftliche Bande zu lösen«. Wobei diese Reformen, indem sie ganz auf den Markt setzten, die tief wurzelnden Ungleichheiten bei den Bildungsressourcen und auch den Wettbewerb noch verschärften. Mit dem epochalen Eintritt der gewaltigen Masse verfügbarer Arbeitskraft in den Weltmarkt wurde aus dem einst nationalen Bildungswettbewerb ein Wettrennen im globalen Rahmen.

Über das chinesische Bildungswettrennen und seine nationalen und (post)-Trumpischen globalen Kontexte in Leitartikeln, Essays und Büchern nachzudenken, ist das eine; etwas durchaus anderes ist es, als amerikanischer Akademiker vor Ort damit konfrontiert zu sein. Als Geisteswissenschaftler und als Vater dreht sich mein Leben um Erziehung und Ausbildung, wobei meine eigenen Überzeugungen in den Jahren, die ich in China verbrachte, immer wieder, und manchmal sehr heftig, mit den verstörenden kapitalistischen Realitäten des Bildungssystems im kommunistischen China in Konflikt gerieten.

Die Sorte geisteswissenschaftlicher Bildung, die ich erhalten habe und schätze, steht »zuhause« in den Vereinigten Staaten zunehmend unter Druck – Austeritätspolitik, Kulturkämpfe und zwei Jahre Covid haben ihre Spuren hinterlassen. In China sieht sich das Bildungssystem ebenso starkem Druck ausgesetzt; auch hier spielt der Kapitalismus dabei eine wichtige Rolle, jedoch in einer Variante, in der staatliches Management und die Ideologie eines freien Marktes eng verflochten sind. Während der moderne Kapitalismus immer schon mit der amerikanischen Gesellschaft und Kultur verbunden war, hat sich diese Verbindung in China längst als nicht weniger disruptiv und destruktiv erwiesen. Natürlich kennt jeder die ökonomische Erfolgsgeschichte Chinas in den vergangenen Jahrzehnten, aber ich hatte schlicht keine Vorstellung von den konkreten Folgen.

China gegen Amerika gegen Amerika

Nach Ansicht mancher gegenwärtiger chinesischer Eliten (und einiger amerikanischer Konservativer) ist die intellektuelle Neigung des Westens zur postmodernen Ungläubigkeit mindestens teilweise verantwortlich für die politischen Beben, die die gesellschaftlichen Grundlagen der USA weiter erschüttern. Während die Völker der Welt die amerikanischen Trump-Konvulsionen beobachteten, haben die gebildeten Chinesen sich an »Chinas Kissinger« erinnert, den führenden Theoretiker der Kommunistischen Partei Wang Huning, vor allem an sein Buch *Amerika gegen Amerika* von 1991, das sich nach dem Sturm der Trump-Unterstützer auf das Kapitol enorm gut verkaufte. Ursprünglich für eine politikorientierte Leserschaft nach den Protesten vom Tiananmen-Platz und Dengs Deregulierung des Markts verfasst, hatte Wang die These vertreten, dass Spannungen innerhalb des »amerikanischen Geistes« – zwischen demokratischer und oligarchischer Macht, Egalitarismus und Klassenprivilegien, Arm und Reich, Schwarz und Weiß, individuellen Rechten und geteilter Verantwortung – einen unaufhaltsamen »Unterstrom der Krise« produzierten. Das Ergebnis dieser Konflikte, die die Seele Amerikas plagen, sei die Dekonstruktion der nationalen Einheit und eines gemeinsamen Ziels.

Die Handvoll anderer mir bekannter Expats in China, die Auszüge aus einer inoffiziellen Übersetzung von *Amerika gegen Amerika* gelesen haben, nicken einigermaßen verzweifelt zu Wangs Thesen. Leider ist es auch für die Artikuliertesten von uns nicht leicht, seine schwerverdauliche Botschaft unseren Mitbürgern in den USA zu vermitteln. Wie Alexis de Tocqueville schon vor zweihundert Jahren festgestellt hat: »Es gibt gewisse Wahrheiten, die nur Ausländer zu Gehör bringen können.« Nach Trumps Wahl 2016 haben wir Auslandsamerikaner die von Wang identifizierten unaufgelösten Spannungen zwischen einem ideologischen Glauben an die Demokratie und den real existierenden demokratischen Praktiken geradezu körperlich zu spüren bekommen.

Wang war der Überzeugung, China könnte es gelingen, Amerikas Schicksal zu entgehen und die auflösenden Effekte des neoliberalen Kapitalismus, seines Konsumenten-Modells von Identität und die zersetzende Weltsicht des globalen Liberalismus zu vermeiden: indem das Land nämlich weiterhin auf den zentralisierten Ein-Parteien-Staat setze. Ein auf diese Weise robuster Staat könne, indem er die Konflikte aufhebe (im Hegelschen Sinn), den sozialen Zusammenhalt stärken und eine einheitliche und selbstbewusste nationale Identität konstruieren.

Als Anhänger des demokratischen Projekts lehne ich Wangs Vorschläge zum Umgang mit den Gefahren der flüchtigen Moderne ab. Ich kann aber nicht umhin, zu beobachten, wie in den Vereinigten Staaten seit Reagan beide politischen Seiten eine Politik unterstützen, die sich vom jahrzehntelang geltenden sozialen Wohlfahrtsstaats-Kompromiss mit dem Kapitalismus verabschiedet hat: indem sie öffentliche Güter wie das Bildungswesen attackiert und dadurch massiv zur Instabilität der Gesellschaft beiträgt. In dem Moment, in dem ich dies schreibe, verkündet der texanische Gouverneur Greg Abbott seine Absicht, eine Gerichtsentscheidung zu revidieren, die allen Kindern kostenlosen Unterricht garantiert. Einst bedurfte es der Gefahr, den Wettlauf ins All zu verlieren, um 1958 den National Defense Education Act und 1965, auf dem Höhepunkt des Parteien-Konsenses, den National Foundation on the Arts and the Humanities Act zu verabschieden. In seinem Bemühen, alles auf das Produkt von finanziellen Austauschprozessen zu reduzieren, hatte Donald Trump in seinem Budget für 2018 sogar geplant, die National Foundation komplett zu eliminieren. »Kunst sollte frei sein, wie das Leben, denn beide sind ein Experiment«, schrieb George Santayana zu Beginn des 20. Jahrhunderts. Der politische Wille, das Fundament für diese Freiheit zu wahren, hat in den Vereinigten Staaten massiv nachgelassen. Von Rechten wie Pflichten der Bürgerinnen und Bürger scheint kaum noch die Rede.

Bildungs-Konkurrenzkampf

Anfangs habe ich kaum verstanden, in welcher Weise die Verbindung von kommunistischer Ideologie und den Kräften des Kapitalismus das Bildungssystem Chinas formt. In den USA habe ich mitten in einem neoliberalen Fin de Siècle an einem kleinen, privaten Liberal-Arts-College an der Ostküste studiert, das 1912 als reines Frauen-College gegründet worden war und erst seit 1988 auch männliche Studierende aufnahm. Danach erfolgte mein Graduiertenstudium in Geschichte an zwei öffentlichen Universitäten, erst in Maine, dann in Wisconsin. Diese Institutionen waren kaum geeignet, die Kräfte der flüchtigen Moderne zu konterkarieren, durchdrungen wie sie waren von jenem postmodernen intellektuellen Lösungsmittel, vor dem Wang und seine Verbündeten warnen: Die berüchtigten Hermeneuten des Verdachts Nietzsche, Marx und Freud waren das antifundamentalistische tägliche Brot meiner Lehrerinnen und Lehrer und der meisten meiner Kommilitonen.

Ungefähr so hatte ich mir die Bildungseinrichtung vorgestellt, an die ich in China geriet: eine kooperative chinesisch-ausländische Universität in Shenzhen, an der Grenze zu Hongkong. Mein Sohn ging vor Ort zur Schule – und zwar auf eine Privatschule, die östliche (chinesische) und westliche (kanadische) Bildung verbindet und doppelte Abschlüsse verleiht. Was ich dann erlebt habe, hat allerdings manches an meinen Annahmen über die Zusammenhänge von Staat, Geld und Bildung ganz neu perspektiviert. Bestimmte Aspekte der Bildungsszene in China vertragen sich kein bisschen mit dem Kern der im Westen als »universal« verstandenen humanistischen Werte, die mir, bei aller gelegentlichen Skepsis, lieb und teuer sind. Bildung gilt hier vor allem als eines: die wichtigste Voraussetzung für finanziellen Erfolg und die Reputation der Familie. Das führt zu enormer Konkurrenz um die besten Noten beim *Gaokao* – dem standardisierten Eintrittsexamen für die Universität. Im Ergebnis ist Bildung vor allem Big Business.

Für die aufstrebende Mittelschicht und die obere Mittelschicht beginnt das Rennen quasi mit der Geburt (ungefähr so wie in Manhattan, im Westen und Norden des Borough, in dem ich aufgewachsen bin). Man zahlt jeden Preis für alles, was einen Vorteil verschafft: vor allem schriftliche Belege für die Fähigkeiten der Kinder wie Akkreditierungen und Zertifikate. Und man lässt sich Wettbewerbe in den Künsten, Musik, Englisch und den MINT-Fächern viel kosten. Nachdem die Regierung 2017 wegen ihrer Hightech-Aspirationen einen deutlich stärkeren Fokus auf die MINT-Fächer legte, ist bei den Freunden meines Sohnes das Interesse daran geradezu explodiert. Auf der weiterführenden Schule geht es in jeder freien Sekunde darum, die Testergebnisse zu verbessern. Der zeitliche Aufwand fürs Üben der Tech-Fähigkeiten wächst und wächst, mehr wird nur ins Lernen der englischen Sprache investiert, der Lingua franca der finanziellen Globalisierung. Außerschulische Aktivitäten sind nicht mehr existent oder auf ein Minimum reduziert.

Dieser Bildungs-Konkurrenzkampf hat sich seit dem Beitritt Chinas zur World Trade Organization 2001 verschärft. Damit war man endgültig in den globalen Markt eingetreten: Der Dienstleistungssektor wurde (wenn auch noch nicht vollständig) für Investitionen aus dem Ausland geöffnet; Restriktionen für Einzel- und Großhandel und Vertrieb wurden beseitigt; Bank- und Finanzwesen ebenso wie die Telekommunikation liberalisiert. Die Folge waren verstärkte Ungleichheit bei Bildungsressourcen und beschleunigte Unterordnung unter Marktmodelle (zuvor war der Besuch von Schulen und Universitäten für alle kostenfrei).

Man nehme die *Minban*, nicht vom Staat betriebene weiterführende Schulen, die mit Taktiken der Vermeidung, der Suche nach Fürsprechern und Kapitalisierung versuchen, ihre Unabhängigkeit von der chinesischen Regierung zu sichern und zu vergrößern. Manche beschrieben die *Minban* als nur quasikommerzialisiert, weil sie nicht vollständig in einem freien Markt agieren. Die dezentralisierte und schlanke Verwaltung belohnt jedoch den Wettbewerb unter den Schulen und unterstellt ihr Agieren einer wirtschaftlichen Logik. Eine weitere Folge von Dengs Disruption waren die bald allgegenwärtigen privaten *Buxiban*-Dienstleister, die Nachhilfe in den Fächern bieten, die für den Erfolg im Bildungswettbewerb essentiell sind (zum Beispiel in Englisch). Diese Bildungsanbieter waren zentraler Bestandteil der Shopping Malls, die mit der Öffnung zur Marktwirtschaft Mitte der neunziger Jahre entstanden. Sie waren bis in die frühen 2000er Jahre omnipräsent als riesige Warenhäuser im Sowjetstil, heute sind sie zunehmend das, was *Forbes* als »erlebnisorientierte Plazas« beschreibt.

Über Jahre habe ich mit Befremden verfolgt, wie die Freunde meines Sohns, deren Schultage fast zehn Stunden dauerten, an Wochenenden und in den Schulferien in die *Buxiban* in den Einkaufszentren von Shenzhen eilten. Im Sommer 2021 setzte die chinesische Regierung der riesigen Nachhilfeindustrie dann allerdings ein Ende. Die neuen Regularien verbieten nicht nur jeglichen Unterricht für Grund- und Mittelschüler im Zusammenhang mit dem Kernlehrplan während der Ferien und an den Wochenenden, sie untersagen privaten Nachhilfeunternehmen zugleich den Börsengang oder die Aufnahme von Auslandskapital (wodurch sich die mehr als 100 Milliarden Dollar Börsenwert der drei in den USA gehandelten chinesischen Bildungsriesen in Luft auflösten). Im Bemühen, öffentlich Solidarität mit den Familien zu demonstrieren, die um den Zugang zu Ressourcen kämpfen, hatte Präsident Xi Jingping bereits einige Monate vor diesem Schritt öffentlich erklärt, dass die Nachhilfeindustrie dazu neige, die Ängste der Eltern auszunutzen.

Tatsächlich dürften Xis Maßnahmen gegen den ständig zunehmenden familiären Bildungsstress in erster Linie vom Willen getragen sein, etwas gegen die gravierenden Auswirkungen der stark sinkenden Geburtenrate des Landes auf den chinesischen Arbeitsmarkt zu unternehmen. Die ist mittlerweile nämlich auf dem niedrigsten Stand seit der chinesischen Revolution von 1949 angelangt. (Im Jahr 2021 entsprach sie gerade einmal der Gesamtzahl der Todesfälle im Land. Dabei war schon 2016 die Ein-Kind-Politik durch die Zwei-Kind-Politik und diese 2019 durch die Drei-Kind-Politik abgelöst worden.) Das Rattenrennen geht nichtsdestoweniger unvermindert weiter: Die *Buxiban*, informierte mich mein Sohn, sind inzwischen in »interest classes« umbenannt worden. Weitere einfallsreiche Aushebelungen staatlicher Vorschriften werden sicherlich noch folgen.

Das globale Verbrauchermodell des Bildungswesens hat also offenbar auch in China Auswirkungen auf Schüler, Eltern und Lehrer, auch wenn die ihre bildungspolitischen Erwartungen nicht in der Weise formulieren, wie es im Westen üblich ist. Allerdings ist das Land dem Tsunami der Marktwirtschaft auch nicht völlig hilflos ausgeliefert. So verlangt die chinesische Regierung beispielsweise seit September 2021 von Videospielanbietern wie Tencent, sicherzustellen, dass Minderjährige nur noch drei Stunden pro Woche online spielen können. Darüber hinaus sind die Bildungseinrichtungen in China mehrheitlich nach wie vor traditionelle, staatlich finanzierte Schulen. Für sie gilt der vom Kulturministerium erstellte Kernlehrplan. Als einer von 250 Millionen Schülern der Grund- und Sekundarstufe in ganz China, lernte mein Sohn Chinesisch durch das Auswendiglernen und Rezitieren von staatlich genehmigten Gedichten und erhielt politisch korrekten Geografieunterricht (in dem Taiwan als abtrünnige Provinz auftauchte). Wenn die Schulpflicht in der neunten Klasse endet, lockert sich die Aufsicht ein wenig. Dennoch kommt es regelmäßig vor, dass Lehrer bei Schulinspektionen durch lokale Regierungsbeamte dazu gedrängt werden, Samisdat, also westliche Lehrbücher, gefälligst verschwinden zu lassen.

Wenn in den USA über das Universitätsleben geschrieben wird, dann gerne unter der Überschrift »the best time of your life«. Natürlich gab und gibt es viele Studierende, für die das ganz und gar nicht gilt, und doch hält sich der Mythos weiterhin hartnäckig. Chinesischen Studenten hingegen wird von vornherein klargemacht, die Universitätszeit sei nur eine flüchtige Zwischenetappe, bevor sie, wie die übliche Redewendung lautet, als Bürger »in die Gesellschaft eintreten« können. Sprich: Das gesamte Studium ist auf den Moment hin ausgerichtet, in dem die riesigen, von den Eltern geleisteten Investitionen in ihren Nachwuchs sich endlich auszahlen sollen.

Zu welch extremem Druck das führt, lässt sich auf vielen Ebenen beobachten. Auf Weixin (WeChat) beispielsweise, einem Nachrichten- und Social-Media-Dienst von Tencent (mit Hauptsitz in Shenzhen), wird um die Prüfungstermine herum regelmäßig ein geschmackloser Cartoon geteilt, der einen Studenten beim Sprung von einem Universitätsgebäude zeigt. Leider ist das mehr als nur schwarzer Humor. Die Aufseher der studentischen Wohnheime sind während dieser Zeit nicht umsonst in dauernder Alarmbereitschaft. Dass Stellenvermittlungen und Zulassungsbescheide für Aufbaustudiengänge (zusammen mit den Rankings der Unis) routinemäßig auf Weixin eingestellt werden, ist ein weiteres Indiz dafür, wie stark das chinesische Universitätswesen kapitalistischen Zwängen unterliegt. Studenten, Eltern und Verwaltungsangestellte verfolgen diese Posts genau, werden sie doch als Indikator für die Zukunftsaussichten des Nachwuchses gewertet.

Tatsächlich hängt derart viel vom Notendurchschnitt ab, wenn es um einen Arbeits- oder einen Studienplatz geht, dass die Lehrkräfte auf aberwitzige Weise gefangen sind zwischen den Vorstellungen der Verwaltungsangestellten – die die Chinesen ohne mit der Wimper zu zucken »Senior Management« nennen – und den Ansprüchen der Studierenden, die sich als Konsumenten von Bildung verstehen und aus nachvollziehbaren Gründen ein monetarisierbares Produkt erwarten. Die Realität sieht leider anders aus. Die Rückmeldungen, die man als Lehrkraft bekommt, deuten jedenfalls stark darauf hin, dass der Eintritt in die Gesellschaft bei den wenigsten auch nur annähernd in eine so befriedigende oder profitable Zukunft führt, wie sie (und ihre Eltern) gehofft hatten. Der Mehrzahl erscheint eine solche

Zukunft mittlerweile nicht mehr nur schwer zu erreichen, sondern geradezu unvorstellbar.

Flachliegen

Als ich 2016 nach Shenzhen kam, waren die Stadt und meine Universität geradezu besessen von den großartigen Zukunftsaussichten. Im Frühjahr 2021, also ein Jahr nach Beginn der Pandemie und zu einer Zeit, als sich die Lage in China zu normalisieren schien, änderten sich die Dinge. Damals fiel während der Diskussionen im Rahmen einer meiner Vorlesungen mehrfach ein Ausdruck, der mir zuvor noch nicht begegnet war: *Tangping* (Flachliegen). Er bedeutet, wie ich erfuhr, dass man sein Leben auf die Gesundheit ausrichtet, seine beruflichen und wirtschaftlichen Träume zurückstellt und den Blick ausschließlich auf die Herausforderungen der unmittelbaren Gegenwart richtet.

In der Vorlesung ging es um den grenzenlosen Optimismus und den wirtschaftlichen Wohlstand, den (weiße, männliche) Amerikaner in den anderthalb Jahrzehnten nach dem Ende des Zweiten Weltkriegs genossen. Unter meinen Studenten waren einige wenige, die auf mich mit der Art, wie sie sich kleideten, ihren Manierismen, ihrem Style – massive, schwarzumrandete Brillen, Punkmusik, zerraufte Haare – den Eindruck machten, als gehörten sie einer chinesischen Gegenkultur an. Es waren diese Studenten, die mir gegenüber – nicht selten während sie gerade gegen jegliche dekadente, konsumorientierte Gesellschaft wetterten – zum Ausdruck brachten, dass sie nicht »in die Gesellschaft eintreten« wollten. Ich musste dabei unwillkürlich an Peter Sloterdijks Beschreibung des Stoizismus als »Psychopolitik« der »Verliererromantik« denken, einer Art des Seins und Denkens, die »eine Niederlage als Sieg auf einem anderen Feld« umdeutet. Denn tatsächlich wartete auf diese Studenten nach dem Abschluss nichts anderes als ein tiefer und dunkler Abstieg weg vom »guten Leben«, das ihnen nicht nur von ihren Eltern, sondern von der Gesellschaft insgesamt versprochen worden war. *Tangping*, das Romantisieren dieser Lebenssituation, verbunden mit dem Rückzug des eigenen Interesses auf das Hier und Jetzt, ist angesichts dessen eine attraktive Option. Endgültig am Bildschirm festzusitzen, ist es nicht.

Als Hochschullehrer wurde ich regelmäßig mit Geschichten über die miesen Jobs konfrontiert, die auf unsere Studenten nach dem Abschluss oder nach dem Aufbaustudium warteten. Gerade Ehemalige, die in Shenzhen, Chinas Silicon Valley, arbeiteten, klagten darüber, wenn sie mal wieder den Campus besuchten. Ich wusste natürlich, dass einige, die in meinen Veranstaltungen saßen, gerne weniger Kurse in der School of Data Science besucht und mehr in der School of Humanities and Social Science, oder am liebsten vielleicht sogar ganz auf Geschichte oder Literatur umgesattelt hätten. Institutionellen Rückenwind gibt es dafür allerdings keinen. Die Lehrbücher des neueingerichteten Studienschwerpunkts »Staatsbürgerkunde« triefen nur so von kollektivistischer und nationalistischer Rhetorik, die nicht nur eindeutig darauf abzielt, die Herrschaft der KP Chinas zu legitimieren, sondern zugleich darauf ausgerichtet zu sein scheint, die »subversive« humanistische Bildung zu marginalisieren.

Nun ist der Argwohn des Regimes gegenüber der emanzipatorischen Dynamik dieses Felds natürlich nicht ganz unberechtigt: Im Frühjahr 2022 etwa stand eine Studentin in meinem Kurs über Geschichtsphilosophie mutig auf und kritisierte unter Verweis auf Kant und Foucault den Autoritarismus und die Irrationalität des Lockdowns in Shanghai, also »zuhause eingesperrt zu sein, ohne Hoffnung auf die Zukunft, nur mit der Grausamkeit der gegenwärtigen Realität«. Ein anderer Student vertrat in einer Seminararbeit die bemerkenswerte These, *Tangping* sei »eine Verhaltensform der Aufklärung und für die heutige Gesellschaft von Nutzen«. Das soll nicht heißen, dass der Weg zum *Tangping* nur über die akademischen Geisteswissenschaften führen würde. Wie man das Verlieren romantisch überhöht, können die Studenten ebenso gut auch von Lao Tse lernen: »Erledige deine Arbeit, dann tritt zurück. Das ist der einzige Weg zur Gelassenheit.«

Wie immer man das politische Veränderungspotential geisteswissenschaftlicher Bildung auch bewerten mag: Bislang geht das Rattenrennen des Universitätsbetriebs weiter nahtlos und, wie es scheint, unaufhaltsam in das allgemeine große Rattenrennen über. Es ist schon eine bittere ironische Volte, dass mittlerweile 400 Millionen Menschen, die seit den 1990er Jahren geboren wurden und mit Präsident Xis »chinesischem Traum« der »großen Verjüngung der chinesischen Nation« aufgewachsen sind, aus dem hyperkompetitiven Ausbildungssystem entlassen wurden, nur um sich bestenfalls in einer nicht weniger hyperkompetitiven Arbeitswelt wiederzufinden. Häufig landen sie in der noch immer glorifizierten Tech-Industrie, wo die Titanen Huawei, Tencent, DJI und ZTE, alle in Shenzhen ansässig, den Markt beherrschen und wenig Raum für Start-ups und damit auch wenig Raum für nennenswerte Kapitalgewinne lassen. Die beruflichen Aussichten für die meisten jungen Erwachsenen sind lebenslanger, maßloser und anhaltender Wettbewerbsstress. Kein Wunder, dass solche Aussichten tiefe Müdigkeit, Weltschmerz und Hoffnungslosigkeit hervorrufen.

Ein verlässliches Indiz dafür ist, dass aus »996«, dem ehedem populären, professionellen Stolz signalisierenden Kürzel für die Arbeitszeit der Angestellten in der Tech-Welt, nämlich von neun Uhr morgens bis neun Uhr abends an sechs Tagen der Woche, längst ein Akronym ironischer Verzweiflung geworden ist. Nicht weniger bezeichnend ist, wie schnell und umfassend sich der Begriff *Neijuan* über die digitalen Medien, ausgehend von den Hochschulen (an denen Technologieunternehmen großzügig Labore und ganze Forschungseinheiten finanzieren) in ganz China verbreitet hat. *Neijuan* setzt sich aus den Schriftzeichen für »innen« und »rollen« zusammen (内卷). Der Anthropologe Xiang Biao hat es in einem Interview im *New Yorker* einmal definiert als »die Erfahrung, in einem Wettbewerb gefangen zu sein, von dem man im Grunde weiß, dass er sinnlos ist«, sprich: Beschleunigung ohne Ziel, Fortschritt ohne Zweck, Sisyphus, der ewig die Räder einer Tinguely'schen Maschine antreibt. Die chinesische Regierung reagiert mittlerweile zunehmend dünnhäutig. In der Boulevardzeitung *Global Times* etwa, einem verlängerten Arm von *People's Daily*, dem Sprachrohr der Kommunistischen Partei, werden *Neijuan* und *Tangping* regelmäßig als soziale Krankheiten gebrandmarkt.

Die letzte Generation

Viele Optimisten im Westen glauben immer noch fest daran, dass Kapitalismus und Demokratie unauflöslich miteinander verbunden wären. Seit meiner Zeit in China bin ich vom Gegenteil überzeugt. Dass Chinas bekanntester Kapitalist, Jack Ma, der ehemalige Chef des E-Commerce-Riesen Alibaba, selbstverständlich Mitglied der Kommunistischen Partei ist, ist eben alles andere als ein Zufall.

Sowohl in China als auch in den USA ist die Unzufriedenheit der jungen Generationen, so unterschiedlich die Kontexte auch sein mögen, auf das Versagen der Wirtschafts-, Bildungs- und Regierungssysteme zurückzuführen, ihnen eine erfüllende Arbeit und eine bewältigbare Zukunft zu bieten. Im Jahr 2019 stellte David Graeber fest, dass mehr als die Hälfte der Jobs in Europa und Amerika von denjenigen, die sie ausüben, als bedeutungslos eingestuft werden und dass diese Arbeit psychologisch destruktiv wird, wenn sie mit einer Ethik gepaart ist, die Arbeit und Selbstwert aneinander koppelt. Angesichts des Gefühls, vollständig auf sich selbst zurückgeworfen zu sein, weil sich die Zukunft in einer sich immer weiter ausbreitenden Gegenwart auflöst, haben junge Chinesen auf die kapitalistischen Realitäten während und nach ihrer Ausbildung nicht nur mit *Neijuan* und *Tangping* reagiert. In einem auf Weixin weitverbreiteten Video zeigt ein Polizist im Schutzanzug mit dem Finger auf eine Familie in Shanghai, die sich weigerte, aus ihrem Haus in die staatliche Quarantäne gebracht zu werden, und ermahnt sie: »Wenn Sie den Anordnungen der Stadtregierung nicht Folge leisten, werden

Sie bestraft, und die Strafe wird drei Generationen Ihrer Familie betreffen.« Ein junger Mann, der nicht im Bild ist, antwortet mutig, aber müde: »Danke – wir sind schon die letzte Generation.«

Man darf das getrost als Reaktion auf den dauerhaften Verlust der Freiheit und die Zerstörung der Zukunft verstehen, für die die mitleidlos restriktive Pandemiepolitik beispielhaft stand. Schon wegen der Hoffnungen, Träume und des Kapitals, das in Kinder investiert wird, ist dies auch in China ein wichtiges Zeichen; mehr noch, es ist eine Ablehnung der chinesischen Regierungspolitik. Dass seit Anfang 2021 viele junge Erwachsene im Westen ihre »bullshit jobs« aufgegeben und »the great resignation«, auch bekannt als »big quit«, vollzogen haben, folgt derselben Logik. Die enteigneten Generationen auf der ganzen Welt, die durch das Versprechen getäuscht wurden, es sei aussichtsreicher, sich mit dem Kapitalismus zu arrangieren, als ihn zu bekämpfen, haben eindeutig viel gemeinsam – zumindest mehr, als uns für gewöhnlich beigebracht wird.

Aus dem Englischen von Christian Demand und Ekkehard Knörer

Eckhard Schumacher

Eskalation erzählen

Nachwendenarration als Gewaltgeschichte

Die großflächig ausstrahlenden Thesen, die die Historikerin Katja Hoyer und der Literaturwissenschaftler Dirk Oschmann in ihren recht unterschiedlichen Büchern zum freundlich-normalen privaten Alltag in der DDR und zur westdeutschen Erfindung des Ostens als Abweichung von der Norm entfaltet haben, sind für die einschlägig relevanten Fragen erstaunlich unergiebig, haben aber schnell zu einer interessant überhitzten Debatte geführt.[1] Die massive Resonanz zeigt unmissverständlich, dass die Bücher Fragen aufnehmen und aufwerfen, für die Diskussionsbedarf besteht. Sie führt aber auch vor Augen, dass die wünschenswerte Aufmerksamkeit mit einem verblüffenden Verzicht auf Differenzierung und, bei Oschmann, einer grob polarisierenden Polemik erreicht wird, die einem Bedürfnis nach Zuspitzung, Vereinfachung und Eindeutigkeit entgegenkommen, das für eine Diskussion in der Sache wenig förderlich ist. Dabei fällt auf, dass kritische Einwände gegenüber beiden Büchern nicht nur aus dem »Westen« kommen, wo immer dessen Grenzen genau verlaufen mögen. Schärfer formuliert und präziser adressiert werden sie auf der vermeintlich anderen Seite, von Personen, die wie Hoyer und Oschmann in der DDR sozialisiert oder zumindest geboren wurden.

So stimmt Steffen Mau, aus dessen soziologischer Studie *Lütten Klein* Oschmann in seinem Buch mehrfach Belegstellen herbeizitiert,[2] in einer gemeinsamen Diskussion diesem zwar in mehreren Punkten zu, nicht zuletzt hinsichtlich der diskursiven Dominanz des Westens, des Fehlens einer Öffentlichkeit, die nicht immer schon westdeutsch geprägt ist. Beide Bücher, Hoyers wie Oschmanns, kommen für Mau aufgrund mangelnder Differenzierung jedoch zu umstandslos jenen »Ressentiments«, »Allerweltsdeutun-

1 Katja Hoyer, *Diesseits der Mauer. Eine neue Geschichte der DDR 1949–1990*. Übersetzt von Franka Reinhart u. Henning Dedekind. Hamburg: Hoffmann und Campe 2023; Dirk Oschmann, *Der Osten: eine westdeutsche Erfindung*. Berlin: Ullstein 2023. Vgl. dazu Claudia Gatzka, *Geschichten wider den Osten*. In: *Merkur*, Nr. 893, Oktober 2023.

2 Steffen Mau, *Lütten Klein. Leben in der ostdeutschen Transformationsgesellschaft*. Berlin: Suhrkamp 2019.

gen« und »Vorurteilen« entgegen, die die Debatte ohnehin seit einiger Zeit prägen.[3]

Oschmann hat diese Kritik erwartet und in seinem Buch schon vorab kommentiert, wenn er in gelegentlich ein wenig selbstgefälliger Ausführlichkeit darlegt, er habe zugunsten von Zuspitzung und Schematisierung auf Differenzierung verzichtet, da niemand die »schon in Hülle und Fülle« vorliegenden differenzierten Darstellungen lese. Das ist als strategische Entscheidung nachvollziehbar, ändert aber nichts daran, dass die in mehrfacher Hinsicht komplizierten Verhältnisse so nur unzureichend in den Blick kommen. Dies gilt für die diskursive Zurichtung des Ostens durch den Westen, auf die Oschmann abzielt, wie für Hoyers Ansatz, sehr selektiv eine etwas hellere, nicht gleich mit Mauertoten und Stasi assoziierte DDR zu zeigen. Was nicht nur in diesen Büchern fehle, sei eine kritische Sicht auf die DDR durch ehemalige DDR-Bürger selbst, argumentiert Mau im Gespräch mit Hoyer und Oschmann, der bisherigen Aufarbeitung fehle so etwas »wie ein '68«.

Dabei geht es Mau nicht um eine weitere Projektion westdeutsch konnotierter Diskurse in Richtung Osten, nicht um ein erneutes Ausblenden jener ostdeutschen Achtundsechziger-Generation, die mit der Niederschlagung des Prager Frühlings stillgestellt wurde, und auch nicht um eine Infragestellung der verschiedentlich ventilierten These, die Revolution von 1989 sei letztlich das ostdeutsche (und tatsächlich revolutionäre) Achtundsechzig gewesen. Mit der Chiffre »Achtundsechzig« weist Mau vielmehr darauf hin, dass die Frage, was die eigenen Eltern, Großeltern und Freunde vor 1989 gemacht hätten, zu wenig gestellt werde. Wünschenswert wäre eine innerostdeutsche Verständigung, die nicht in erster Linie auf Anklage oder Entlarvung zielen muss, sondern mit der gegebenen historischen Distanz einen genaueren Blick auf die Spannung zwischen Alltag und dem, was das System ausgemacht hat, ermöglichen könnte.

Was Mau als Desiderat markiert, wird auch in der Soziologie und der Geschichtswissenschaft diskutiert, auffallend ausgeprägt werden die entsprechenden Fragen aber seit einigen Jahren in der Gegenwartsliteratur gestellt – und hier zuletzt insbesondere von Autorinnen und Autoren, die in den späten 1980er Jahren geboren wurden und als »Nachwendekinder« kaum

3 *Der zweite Gedanke: Zentrum Einheit – innerdeutsche Perspektiven.* Debatte mit Katja Hoyer, Steffen Mau u. Dirk Oschmann, Moderation: Natascha Freundel, am 14. September 2023. Koproduktion mit dem 23. Internationalen Literaturfestival Berlin (www.rbb-online.de/rbbkultur/radio/programm/schema/sendungen/der_zweite_gedanke/archiv/20230914_1900.html).

auf eigene Erinnerungen an DDR und Wendezeit zurückgreifen können.[4] So wird ein Blick auf die DDR und deren Ende möglich, der nicht durch die vermeintlich unmittelbare eigene Anschauung, sondern durch die Perspektive der Nachwendejahre geprägt ist, die in diesen Büchern erstmals ausführlich entfaltet wird und tatsächlich neue Sichtweisen ermöglicht.

Manja Präkels, die, 1974 geboren, mit ihrem 2017 veröffentlichten Roman *Als ich mit Hitler Schnapskirschen aß* beide Erfahrungshorizonte verbunden hat,[5] betont in diesem Sinn, es brauche nicht nur »die Geschichten derer, die die DDR aufgebaut, in ihr gelebt haben«, sondern auch »die Geschichten der Nachgeborenen, für die sie weiterhin einen wichtigen Bezugspunkt darstellt«, zumal »ihr Leben immer von dieser Vergangenheit geprägt sein wird«.[6] Das gilt auch für die 1992 geborene Charlotte Gneuß, die mit ihrem Roman *Gittersee*, einer auf das Jahr 1976 datierten Familiengeschichte in einem Dresdner Vorort,[7] angesichts ihres Geburtsjahrs, ihres Geburtsorts Ludwigsburg und einer in den Literaturbetrieb eingespeisten Mängelliste mit Korrekturen zu DDR-spezifischen Sprechweisen die für das literarische Schreiben durchaus fragwürdige Frage provoziert hat, wer eigentlich DDR-Geschichten aus der Zeit vor 1989 erzählen kann oder darf. Möglicherweise ist es noch ungewohnt, aber kaum abwegig, wenn auch eine im Westen aufgewachsene Autorin, deren Eltern und Großeltern in der DDR gelebt haben, darauf hinweist, dass wir »ein 1968 für unsere Ostgeschichte« brauchen und »wir endlich anfangen sollten, in unseren Familien Fragen zu stellen. Wo wart ihr damals? Was habt ihr vor 1989 gemacht?«[8]

Besonders nachdrücklich hat diese Fragen zuletzt Anne Rabe verfolgt. In ihrem Essay *Kinderland* hat sie vor einigen Jahren schon darauf hingewiesen, dass bereits der »dritten Generation Ost«, den Jahrgängen 1975 bis 1985, aufgedrängt wurde, »die Achtundsechziger des Ostens« zu werden.

4 2020 hat die Zeitschrift *Metamorphosen* (Nr. 28, Oktober 2020-Januar 2021) unter dem Titel *Nachwendekinder* den Blick auf die aktuelle Gegenwartsliteratur gelenkt; kurz zuvor sind auf der Grundlage journalistischer Recherchen zu entsprechenden Biografien erschienen: Johannes Nichelmann, *Nachwendekinder. Die DDR, unsere Eltern und das große Schweigen*. Berlin: Ullstein 2019; Valerie Schönian, *Ostbewusstsein. Warum Nachwendekinder für den Osten streiten und was das für die Deutsche Einheit bedeutet*. München: Piper 2020.

5 Manja Präkels, *Als ich mit Hitler Schnapskirschen aß*. Berlin: Verbrecher 2017.

6 Manja Präkels, *Welt im Widerhall oder war das eine Plastiktüte? Essays*. Berlin: Verbrecher 2022.

7 Charlotte Gneuß, *Gittersee*. Frankfurt: Fischer 2023.

8 Sandra Kegel, *Was habt ihr eigentlich vor 1989 gemacht? Ein Gespräch mit Charlotte Gneuß*. In: FAZ vom 26. September 2023.

Aber auch ohne die unweigerlich westdeutsch-nostalgische Reminiszenz sind die entsprechenden Fragen erkennbar ebenso für die etwas später Geborenen virulent, die, wie Rabe, ihre Kindheit kaum mehr in der DDR verbracht haben, für die die »Wirkkraft« der »DDR-Strukturen« gleichwohl weiterhin prägend war, die sich aber »problemlos durch ganz Deutschland, Europa und die Welt bewegt« und »dieselbe Musik gehört und dieselben Fernsehsendungen« gesehen haben »wie die westdeutsche Generation Y«. Angesichts von angezündeten Asylbewerberheimen, Gewalt gegen Geflüchtete, dem rechtsextremen Terror des NSU und der zuletzt gerade auch von Jüngeren unterstützten AfD, vor dem Hintergrund von Stimmen, die von den Nachwendekindern nicht Austausch und Aufklärung erwarten, sondern Schweigen, da sie ja nicht wüssten, wie es damals war, in einer Situation, in der der Osten und der Westen so weit voneinander entfernt seien »wie vielleicht noch nie seit 1989«, liege es »jetzt«, schreibt Rabe, »an uns, eine Sprache für all das zu finden«.[9]

Ihr Roman *Die Möglichkeit von Glück* ist als ein Versuch in dieser Richtung zu lesen.[10] Als ein Versuch, sich zu erinnern, an die eigene Kindheit, die eigene Sozialisation, aber auch als Versuch, grundsätzlichere Fragen zu stellen, zum Verhältnis von Familie und Staat, von Diktatur und Demokratie, von Vergangenheit und Gegenwart. »Die Geschichte ist mir so nah, ich komme nicht von ihr los«, bemerkt die 1986 an der ostdeutschen Ostsee geborene Protagonistin Stine angesichts von Bildern des Mauerfalls und der in ihnen aufscheinenden »Möglichkeit von Glück«. Die »Erinnerungen an die Wendezeit« sind für sie allerdings »so bruchstückhaft, so flatternd«, dass sie »kein wirkliches Bild« ergeben. Der Unsicherheit, mit der Stine versucht, aus der Perspektive der Gegenwart der 2020er Jahre die Erinnerungen durch Gespräche mit dem Bruder, Befragungen von Schulfreundinnen und Archivrecherchen zu ihrem verstorbenen Großvater zu ergänzen, korrespondiert die Entscheidung, Stine auf der Ebene der Narration weder als Person noch als Erzählinstanz souverän erscheinen zu lassen. Der Roman erzählt keine gradlinig nachvollziehbare Geschichte, von Beginn an verwickelt Rabe ihre Erzählerin in ein Selbstgespräch, eine kursiv gesetzte Selbstbefragung, was sie, durchaus in Anlehnung an die Erzählweise von Christa Wolfs *Kindheitsmuster* (1976), auf bemerkenswerte Weise mehrstimmig erscheinen lässt, reflektiert, aber auch brüchig, fragmentiert. Sie folgt verschiedenen Fährten, entdeckt Zusammenhänge, aber auch lose Enden, studiert Akten, nicht nur im Stasi-Unterlagen-Archiv, äußert Zweifel, auch der eigenen

9 Anne Rabe, *Kinderland*. In: *Merkur*, Nr. 858, November 2020.
10 Anne Rabe, *Die Möglichkeit von Glück*. Stuttgart: Klett-Cotta 2023.

Erinnerung gegenüber, stellt mit ihren Fragen immer auch sich selbst infrage oder wird, wenn sie von »Hohenschönhausen« oder »Torgau« hört, von »einer Schamwelle fortgeschwemmt«.

Das tentative Vorgehen im Modus des Erzählens wie in den Reflexionen der Erzählinstanz steht in scharfem Kontrast zu dem, was die Fragen, Recherchen und Versuche, sich zu erinnern, hervorbringen: »*Es war alles Gewalt, denkst du, alles voller Gewalt. Und wie soll man das ordnen? Wie soll man die Geschichten miteinander ins Verhältnis setzen?*« Um Fragen nachzugehen, die sie zu seinen Lebzeiten nicht gestellt hat, versucht Stine, die Geschichte ihres Großvaters Paul Bahrlow zu rekonstruieren. Über eine Reihe von Archivrecherchen stößt sie auf eine Kontinuität von Gewalterfahrungen, die sein »Leben im Lumpenproletariat der Weimarer Republik« und das »Leben als Kanonenfutter« vor Stalingrad mit dem »Leben als Propagandist der SED«, als Verteidiger des Schießbefehls und dem für ihn nicht nachvollziehbaren Eintrag der Bildungsministerin in die Kaderakte verbindet, die dem promovierten Wissenschaftler den in Aussicht gestellten Weg zum Hochschuldozenten verschließt. Die »Gewalt der Diktatur« zeigt sich hier nicht, wie in vielen anderen Geschichten, durch eine Vereinnahmung durch die Staatssicherheit, sondern, weniger skandalträchtig, aber kaum weniger folgenschwer, in der vermeintlichen Normalität eines »staatsnah« entwickelten und doch massiv beschädigten Lebenslaufs.

»*Was ist Gewalt, denkst du? Und warum wirkt sie so lange nach? Warum vergisst du sie nicht einfach?*« Verschiedene Geschichten verbinden sich, setzen sich für Stine als Gewaltgeschichten, die nicht immer einer einfachen Täter-Opfer-Logik folgen, miteinander ins Verhältnis, neben die Geschichte des Großvaters rücken Robert Steinhäusers »Gewaltexzess von Erfurt«, die Mordserie des NSU und vor allem, in vielfach wiederholten Ansätzen, die Gewalt in der eigenen Familie. Sichtbar werden drastische Erziehungsmaßnahmen der Mutter, die ihre Kinder schlägt, in die viel zu heiße Badewanne zwingt und Jahre später massiv auf die Erziehung des Kindes ihrer Tochter einzuwirken versucht, aber auch das Schweigen der Mutter über das, was sie als Erzieherin über die Umerziehungsmaßnahmen in einem benachbarten – in der Nachwendezeit zu einer Partylocation umfunktionierten – ehemaligen Jugendwerkhof der DDR wusste. Das Nachdenken über den Bruch mit den Eltern und die Erinnerung an die häusliche Gewalt führen Stine zu Recherchen zu Erziehungs- und Bildungsinstitutionen der DDR, die einmal mehr die Diktatur als auf vielen Ebenen gewalttätiges System sichtbar machen, vor allem aber auch Fragen nach Verbindungen von autoritärer Erziehung und rechtradikaler Gewalt in der Nachwendezeit und der unmittelbaren Gegenwart aufwerfen.

Nicht nur in dieser Hinsicht bildet der Roman einen Gegenentwurf zu jener Trennung von Alltag und Diktatur, die den DDR-Nostalgie-Diskurs prägt und die auch von Hoyers Geschichtsdarstellung reproduziert wird. Die Rekonstruktion der ostdeutschen Nachwendezeit als Gewaltgeschichte markiert zugleich den beträchtlichen Abstand, den Rabes Roman von Oschmanns Bild vom Osten als Abweichung von der westlich bestimmten Norm trennt, zumal hier nicht ein westdeutsches Klischee weiter ausbuchstabiert wird, sondern in einer Selbstbefragung ostdeutscher Sozialisationsprozesse Fragen zur Nachwendezeit aufgeworfen werden, die Oschmann weitgehend ausblendet. Rabes Entscheidung, dies im Modus der Fiktion anzugehen, die den Rekurs auf eigene Erfahrungen ebenso wenig ausschließt wie die Einarbeitung von Faktenwissen aus Archivrecherchen, relativiert den Status ihres Buchs als Beitrag zur laufenden Debatte keineswegs. Sie eröffnet vielmehr Perspektiven für Diskussionen, die erst noch zu führen sind. Entscheidend dafür ist nicht zuletzt der Ansatz, angesichts der vielfach eskalierenden Gewaltgeschichten, die Gegenstand des Romans sind, in der Erzählweise selbst nicht auf Eskalation zu setzen, sondern die Darstellung von exzessiver Gewalt auf wenige knappe, fast beiläufig erscheinende, aber umso heftiger nachwirkende Sätze zu beschränken.

Wie für Anne Rabe sind auch für Hendrik Bolz und Daniel Schulz Ereignisse der Gegenwart, ein erstarkter Rechtsextremismus, erneute Ausbrüche von Gewalt und das damit verbundene Bild von Ostdeutschland, Auslöser für eine Rückwendung auf die Nachwendezeit, auf die 1990er Jahre in Schulz' Roman *Wir waren wie Brüder* und auf die *Nullerjahre* bei Hendrik Bolz.[11] Wie Rabe verbinden auch Bolz und Schulz in ihren Büchern weiter ausgreifende Recherchen, Reflexionen und Verfahren der Fiktionalisierung mit Rückgriffen auf eigene Erfahrungen und Irritationen, die sie zunächst ebenfalls in Essays verarbeitet haben.[12] »Ich sehe Chemnitz und frage mich: Was habt ihr mit mir zu tun? Was ich mit euch?«, fragt Schulz in seinem Essay *Wir waren wie Brüder* angesichts der Ereignisse im Rahmen des 2018 von rechten und rechtsextremen Gruppen organisierten »Trauermarschs« in Chemnitz und macht diese Fragen zum Ausgangspunkt eines Romans, der aus der Perspektive eines zunächst zehnjährigen Kindes über den Zeitraum von 1989 bis 2000 das Aufkommen und die Eskalation von Gewalt in der leicht fiktionalisierten brandenburgischen Provinz erzählt.

11 Daniel Schulz, *Wir waren wie Brüder*. Hanser Berlin 2022; Hendrik Bolz, *Nullerjahre. Jugend in blühenden Landschaften*. Köln: Kiepenheuer & Witsch 2022.

12 Daniel Schulz, *Wir waren wie Brüder*. In: *taz* vom 29./30. September 2018; Hendrik Bolz, *Gewalt konnte jederzeit hereinbrechen*. In: *Freitag* vom 10. Oktober 2019.

Auch Bolz beobachtet den Aufstieg der diversen Formationen der neuen Rechten und die Ausschreitungen in Heidenau, Freital und Chemnitz nicht aus einer distanzierten Position, er sieht sich vielmehr auf Konstellationen in den Nullerjahren zurückverwiesen, auf zwischenzeitig ausgeblendete Kontinuitäten, auf die eigene gewaltaffine Sozialisation in einem Neubauviertel in Stralsund: »Als es plötzlich hieß, der Osten solle sich doch endlich mal zusammenreißen«, liest man auf den ersten Seiten von *Nullerjahre*, »diese ganzen hässlichen arbeitslosen Hinterwäldler hätte man eh niemals aufnehmen sollen, fühlte ich mich plötzlich mitgemeint, fühlte mich fremd und ausgesondert und hatte das Bedürfnis, mich schützend vor meine ehemalige Heimat zu stellen.«

So wie der autornah konstruierte Hendrik in *Nullerjahre* »verwirrt, gekränkt und gleichzeitig beschämt« reagiert, kommentiert Bolz auch an anderer Stelle die gängigen Debatten über Gewalt in Ostdeutschland seit 2015: »Auf der einen Seite schämte ich mich total. Auf der anderen Seite habe ich diese Häme ›den Ostdeutschen‹ gegenüber da zum ersten Mal so richtig bewusst wahrgenommen, was für eine Totalabwertung des Ostens in manchen Kreisen stattfindet.«[13] Diese Beobachtung führt Bolz allerdings weniger zu Richtigstellungen oder Gegenargumenten als vielmehr zu dem Wunsch nach einem Diskurs, der »idealerweise unter Teilnahme von möglichst vielen Leuten quer durch sämtliche Generationen und Milieus geführt werden« sollte, »sachlich und verständig, statt wertend, ohne die erdrückende Scham und ohne permanent die Meinung des Westens mitzudenken«. Und wie für Schulz und auf andere Weise Rabe bildet für Bolz dieser Wunsch ebenso einen Ausgangspunkt seines Buchs wie die Einsicht, dass »es sich lohnt, sich seine eigene Nachwendekindheit mal genau anzuschauen«.[14]

Anders als Rabe sehen sich Bolz und Schulz veranlasst, ihren Büchern Trigger-Warnungen voranzustellen. Schulz weist darauf hin, dass in seinem Buch »rassistische, antisemitische, sexistische, homophobe und in anderer Weise diskriminierende Worte verwendet« werden, »weil die Brutalität von Sprache und die Gewalt, von der hier erzählt wird, miteinander verknüpft sind«. Bolz betont vorab, sein Buch berichte »aus einer Welt, von der man schwer erzählen kann, ohne den Rassismus, den Antisemitismus, die Misogynie, die Homophobie und die Gewalt sprachlich zu reproduzieren, die in ihr zentrale Ordnungsprinzipien waren«. Geschuldet ist die Entscheidung,

13 Jonas Wahmkow, *»Ich fand es cool, doof zu sein.«* Interview mit Hendrik Bolz. In: *taz* vom 27. November 2022.

14 Hendrik Bolz im Gespräch mit Corinne Orlowski. In: *Metamorphosen*, Nr. 28, Oktober 2020–Januar 2021.

Gewalt auch auf der Ebene der Sprache sichtbar zu machen, nicht zuletzt signifikanten Verschiebungen der Perspektive: Bei Rabe ist die Familie ein zentraler Schauplatz für Gewaltexzesse, bei Schulz und Bolz geht es um Gewaltakte in Gruppen von Gleichaltrigen und in der Öffentlichkeit.

Und während Stine in Rabes Roman der Gewalt, die sie beschreibt, ausgesetzt ist, sind die Protagonisten der Bücher von Schulz und Bolz selbst aktiv an Gewalttaten beteiligt. »*Ich habe meinen ersten Nazi erwischt*«, setzt eine Art von Prolog in *Wir waren wie Brüder* ein, in dem der erwachsene Protagonist »*eine Glatze*« verprügelt und im Anschluss 400 Euro zahlt, um die Geschichte, die ihn dazu geführt hat, nicht vor Gericht erzählen zu müssen. Diese Geschichte, eine weitgehend chronologisch erzählte Coming-of-Age-Story, entfaltet dann der Roman, indem er den etwas ungeschickt wirkenden, namenlosen Protagonisten aus einem christlich geprägten Elternhaus zunächst in kleinere Gewaltfantasien und Schulprügeleien verwickelt, aus denen sich in der Wendezeit im weiteren Freundeskreis schnell das entwickelt, was als rechte Gewalt klassifiziert wird und im Verlauf der Geschichte zunehmend eskaliert.

Der Protagonist wird dabei selbst mehrfach zum Opfer von Gewalt, beobachtet – parallel zu einer sich langsam aufbauenden Liebesgeschichte – aus mittlerer Distanz verschiedene brutale Übergriffe von Neonazis, arrangiert sich als eine Art von Mitläufer zwischen verschiedenen gewalttätigen Szenen, vermeidet so eine »Karriere als Boxsack« und realisiert erst sehr spät, dass bei »all der Scheiße, die die Jungs auf dem Parkplatz so erzählt haben, den dämlichen Sprüchen, den Hitlergrüßen«, sie sich nicht nur »gegenseitig auf die Fresse« gehauen haben, sondern öfter nachts rausgefahren sind, »nach Potsdam oder Berlin, zum ›Kanakenklatschen‹ oder ›Zeckenklatschen‹«. Die Eskalation von Gewalt, die der Roman entlang der chronologisch erzählten Ereignisse auch sprachlich mitvollzieht, wird dabei durch den Erzähler, der immer etwas naiv wirkt und gerade in drastischen Gewaltszenarien einen merkwürdig unbeholfenen Sinn für Komik entwickelt, konterkariert, aber nicht relativiert.

Was Schulz' Erzähler versucht, aber nur bedingt erreicht, steht für Hendrik, den Protagonisten in *Nullerjahre*, im Zentrum von mehr oder minder allem, was in Knieper West, einem Stadtteil von Stralsund, relevant ist: Härte. Erst sehr viel später, nach einem Umzug nach Berlin, wo er entgegen dem ursprünglichen Plan nicht »härter und härter und immer härter geworden« ist, realisiert Hendrik, wie er rückblickend reflektiert, »dass es okay ist, Angst zu haben, dass es okay ist, traurig zu sein«, dass es »nicht verrückt ist, etwas zu fühlen«. Das war in den Nullerjahren in Knieper West nicht vorgesehen: In der DDR als Neubauviertel ein angesehener und begehrter Ort, erfährt der Stadtteil nach der Wende einen rapiden Imageverlust, wird mit Abstieg, Armut und Verrohung nicht nur assoziiert, sondern auch konfrontiert.[15] So erscheinen auch in Bolz' *Nullerjahren* Arbeitslosigkeit, soziale Deklassierung, rechte Subkulturen, Alkoholismus, ungebremster Drogenkonsum und permanente Gewaltbereitschaft schon bei sehr jungen Jugendlichen in Knieper West als Normalzustand. In dem Maß, in dem der »Held des Tages« immer »härter, böser, gemeiner als alle anderen zusammen« ist, setzt auch Hendrik auf eine entsprechende Außendarstellung: »Umso beschissener ich mich fühle, umso schwächer ich im Inneren bin, umso härter muss ich von außen aussehen, umso brutaler muss ich auftreten.«

Eltern spielen in *Nullerjahre* keine Rolle, sie kommen im Buch nicht vor. Das entspricht der vieldiskutierten Überforderung der Elterngeneration durch den Systemwechsel und den Thesen zur »Generation der Unberatenen« in der Nachwendezeit im Osten,[16] Bolz weist aber auch auf einen anderen Grund für das Ausblenden der Eltern hin: »Das war eine Welt, zu der Eltern keinen Zugang hatten. Also wer mit seinen Eltern rumhängt, der ist ja wohl total der Lappen.«[17] Enger Kontakt zu den Eltern passt in der in *Nullerjahre* dargestellten Welt nicht zum alles überstrahlenden Paradigma der Härte, auch wenn Grundelemente davon – Abhärtung, ein Kerl sein, nicht heulen – durch Eltern, Erziehungsinstitutionen, Sportvereine und Ferienlager vermittelt und mitgeprägt wurden. Bolz führt das ebenso in drastischen Szenen vor Augen wie die eskalierenden Gewalt- und Drogenexzesse, die einen Alltag prägen, in dem Spaß, Euphorie und Rausch kaum mehr von dumpfer Abstumpfung zu trennen sind.

Bolz' Sprache, seine literarische Verarbeitung einschlägiger Sprechweisen wie seine sachgerechten Schilderungen einzelner Szenen, entwickelt dabei einen Drive und einen Sog, der nicht nur anschaulich vermittelt, dass Hendrik, bei aller Unsicherheit, die Kriterien für Härte hinreichend erfüllt. Bei aller Distanz, die die retrospektive Rahmung von *Nullerjahre* nahelegt, evozieren Sprache und Sprechweisen des Romans zugleich eine immer noch vorhandene Faszination für diese Zeit und diese Exzesse. Bolz lässt wenig

15 Aus soziologischer Perspektive untersucht Steffen Mau in seiner Studie *Lütten Klein* einen vergleichbaren Prozess am Beispiel des Rostocker Stadtteils.

16 Bernd Lindner, *Die Generation der Unberatenen. Zur Generationenfolge in der DDR und ihren strukturellen Konsequenzen für die Nachwendezeit*. In: Annegret Schüle u.a. (Hrsg.), *Die DDR aus generationengeschichtlicher Perspektive. Eine Inventur*. Leipziger Universitäts-Verlag 2006.

17 Zit. n. Katharina Thoms, *Rapper Testos Autobiografie. Eine Jugend in der ostdeutschen Provinz*. In: *Andruck – Das Magazin für politische Literatur* vom 14. Februar 2022 (www.deutschlandfunk.de/andruck-114.html).

Zweifel daran, dass er das Buch als jemand schreibt, der Täter war, zwar mit Abstand zu den Nachbarschafts-Nazis, aber fasziniert von Gewalt, Rausch und deren Steigerungsimperativen. Das ist in der Lektüre nicht immer gut auszuhalten, was jedoch ebenso als Stärke des Buchs zu registrieren ist wie die rapiden Tempowechsel und das Umschalten zwischen verschiedenen sprachlichen Registern, mit denen Bolz die Rhetorik der Eskalation kontert, sie durch den umsichtig dosierten Einsatz von Humor und Komik, vor allem aber durch die regelmäßige Einblendung von Hintergrundinformationen und Wikipedia-Wissen unterbricht, kommentiert, konterkariert.

So stehen den drastischen Gewaltszenen und der grotesk detailgenauen Darstellung der »Terrorherrschaft« brutaler Schlägertypen informative Reflexionen entgegen, etwa zu Arbeitslosenzahlen in Mecklenburg-Vorpommern, zum Schweriner Innenministerium, das Morde von Rechtsextremen zu Streitereien zwischen jungen Männern umdeutet, oder zum »Konzept der akzeptierenden Jugendarbeit für den Umgang mit ostdeutschen rechten Jugendlichen«, das Teil des »Aktionsprogramms gegen Aggression und Gewalt der Bundesjugendministerin Angela Merkel« war, in dem den jugendlichen Straftätern als »hilfsbedürftigen Modernisierungsverlierern« mit »niedrigschwelligen Angeboten« begegnet werden sollte – mit der Folge, wie Bolz in *Nullerjahre* ausführlich ausbreitet, »dass rechte Strukturen sich erst recht ungestört etablieren konnten, rechte Straftaten quasi mit Staatsgeldern und Aufmerksamkeit belohnt wurden, dass rechte Jugendliche die sozialen Einrichtungen, meist alte FDJ-Jugendclubs, komplett für sich besetzten«.

Peter Hintz hat *Nullerjahre* als »politisierten Pop-Roman« beschrieben,[18] was schon naheliegt, weil die Geschichte von Song-Zitaten und Popkultur-Wissen durchsetzt ist und der sprachliche Flow des Romans sich erkennbar auch den Skills verdankt, die Hendrik Bolz unter dem Pseudonym Testo als Teil des Hip-Hop-Acts mit dem gleichermaßen signifikanten Namen Zugezogen Maskulin entwickelt hat.[19] Die Zuschreibung ist aber auch insofern treffend, als *Nullerjahre* wie viele andere Bücher, die in den letzten Jahren mit dem Schlagwort Pop-Roman belegt worden sind, in seiner literarisch-performativen wie seiner sachlich-argumentativen Kraft leicht unterschätzt werden kann.

18 Zit. n. *Lakonisch elegant trifft 54books: Wie kann man heute über den Osten schreiben*. In: *Deutschlandfunk Kultur* vom 30. März 2023 (www.deutschlandfunkkultur.de/wie-kann-man-heute-ueber-den-osten-schreiben-dlf-kultur-8a4c01dc-100.html).

19 Bereits 2015 hat Bolz in dem Track *Plattenbau O. S. T.* mit Zugezogen Maskulin Szenen des späteren Romans angelegt, die Lyrics sind abgedruckt in *Metamorphosen*, Nr. 28, Oktober 2020–Januar 2021.

Manja Präkels hat in ihrem Roman *Als ich mit Hitler Schnapskirschen aß* vergleichbare Konstellationen aus den neunziger Jahren aus der Gegenperspektive derjenigen, die Gewaltakten und Neonazi-Terror ausgesetzt waren, zur Sprache gebracht. Sie beschreibt in ihrem Nachwort zur Taschenbuchausgabe von *Nullerjahre* Bolz' Buch als »ein Aufbäumen gegen Ignoranz und Simplifizierung«, gegen das »jahrzehntelange Schweigen, Wegsehen und Nichtwissenwollen« – und damit auch als einen »Versuch einer Rückeroberung eigener Geschichte, die immer auch eine Geschichte der Herkünfte, Länder, Städte, Viertel ist und schließlich der Verhältnisse, in denen die Menschen dort miteinander lebten und weiterleben«. Zugleich weist sie darauf hin, dass hier zwar auf Knieper West und Ostdeutschland fokussiert wird, sich vieles davon aber »in alle Himmelsrichtungen übertragen« lässt: »ob Gropiusstadt, Pariser Banlieues oder Stockholms Nordbezirk Rinkeby-Kista«.

Die Bücher von Bolz, Präkels, Rabe und Schulz wie auch Lukas Rietzschels bereits 2018 erschienener Roman *Mit der Faust in die Welt schlagen*, Domenico Müllensiefens *Aus unseren Feuern* aus dem Frühjahr 2022 und die Vielzahl von Tweets, die seit 2019 unter dem Hashtag #baseballschlägerjahre veröffentlicht wurden,[20] schaffen in ihrer Heterogenität tatsächlich jene »Vielfalt der Perspektiven«, die Präkels in ihrem Essayband *Welt im Widerhall oder war das eine Plastiktüte* auch und gerade den »Geschichten der Nachgeborenen« zuschreibt. Dass dabei gleichwohl noch »viel zu entdecken« bleibt, verbindet Präkels mit dem Hinweis auf die in diesen Büchern wenn überhaupt, dann nur am Rand in den Blick kommende »ostdeutsche Migrationsgeschichte«. Der Hinweis gilt den Sozial- und Geschichtswissenschaften, in denen diese Perspektive gerade nachdrücklich hervorgehoben wird,[21] kann aber auch im Bereich der Gegenwartsliteratur den thematisch einschlägigen Bücherstapel wie das Reflexionsniveau signifikant erhöhen.

So eröffnet etwa Olivia Wenzels *1000 serpentinen angst* nicht nur den Blick auf die Nachwendejahre einer in der DDR geborenen schwarzen Frau.[22] Angesichts der Familiengeschichte der Protagonistin, deren Mutter, »eine Punkerin, gefesselt an die DDR«, in einer »ostdeutschen Kleinstadt« mit einem »angolanischen Mann« zusammengekommen ist, wirft der Roman

20 Vgl. Christian Bangel, *#baseballschlägerjahre. Ein Hashtag und seine Geschichten*. In: *Aus Politik und Zeitgeschichte*, Nr. 72/49–50 vom 2. Dezember 2022.

21 Maren Möhring, *Umkämpfte Zugehörigkeiten. Migrations- und Identitätspolitiken in der Vereinigungsgesellschaft*. In: Marcus Böick u.a. (Hrsg.), *Jahrbuch Deutsche Einheit 2023*. Berlin: Ch. Links 2023.

22 Olivia Wenzel, *1000 serpentinen angst*. Frankfurt: Fischer 2020.

die Frage auf, ob das nun der Pitch für den nächsten, klischeehaften DDR-Film bei den Öffentlich-Rechtlichen sei. Die so befragte Protagonistin verneint das nicht explizit, sie hebt vielmehr hervor, dass Klischees »ziemlich oft« stimmten und das Problem nur sei, »dass sie immer wieder nur dieselbe, eine Perspektive beschreiben«. Entsprechend weicht der Roman erwartbaren Klischees nicht aus, gibt ihnen aber einen anderen Dreh, beschreibt zugleich andere Perspektiven. Die dumpfe Ignoranz gegenüber der Protagonistin, die einem Psychologen erläutert, sie sei »mit offenem Rassismus aufgewachsen, in Ostdeutschland« und kenne die »Angst der Leute, die in Asylbewerberheimen leben«, lässt diesen als ein letztlich ähnlich irritierendes Problem erscheinen wie den »moderaten Neonazi« im Freundeskreis der Mutter.

Die Einschätzung, in Deutschland neige man »zu gewalttätigen Übertreibungen«, führt zunächst zu einer realitätskonformen Erinnerung an Leute, die Wohnheime anzünden und »als 80-köpfiger Lynchmob irgendwelche Kids« verfolgen, »um sie abzustechen«. Das Prinzip der »gewalttätigen Übertreibungen« setzt sich aber, unterstützt durch einen Modus narrativer Eskalation, schnell weiter fort, wenn die Protagonistin in einem Traum »etwas aufflackern« sieht, ein »Bild aus dem Geschichtsunterricht, aber aktualisiert, irgendwie neuer«, ein Bild der »lieben Freundinnen«, die »mit abgetrennten Gliedmaßen, blutüberströmt, mit verzerrten Gesichtern am Boden« liegen, »irgendwo in Berlin, irgendwo in New York, irgendwo in Thüringen«. Auch der in der Diskussion des Romans vielzitierte »Tag am See« entfaltet eine ähnliche Dynamik, wenn die »plötzlich« erinnerte Präsenz von vier sich am Seeufer »stramm und zackig« ausziehenden Nazis das abschweifende Nachdenken über Wolken in eine eindringliche Reflexion zu diversen Dimensionen von »rechtem Terror« übergehen lässt.

So wie in diesen Passagen gelingt es Wenzel auch grundsätzlich auf der Ebene des Erzählens, Sichtweisen und Sprechpositionen permanent zu verschieben und zu vervielfältigen. »Mein Herz ist ein Automat aus Blech«, markiert der Roman gleich zu Beginn jene enge Beziehung, die die Protagonistin zu einem Snack-Automaten unterhält, der »an irgendeinem Bahnsteig, in irgendeiner Stadt« steht, dessen Inhalt sie »in jeder beliebigen Konstellation« anschauen kann und in den sie, zunächst im Konjunktiv, wenig später einsteigt, um »Unterschlupf« zu suchen, »durch die Scheibe nach draußen schauen« zu können, die Perspektive zu wechseln. Dies geschieht zudem durch weitere Stimmen, die im Modus einer rigiden, in Versalien gesetzten Befragung die Protagonistin bedrängen, aber nicht klar zu verorten sind, sich in diversen Wiederholungsschleifen vermischen und sich am Ende offenbar auch der Protagonistin annähern. So verlagern sich Erinnerungsprozesse, sachliche Berichte und episodenhafte Kurzgeschichten immer wieder in eine Art von magischem Realismus, sie driften ins Fantastische und machen umso eindringlicher Angst als eines der großen Leitthemen lesbar, das nicht nur diesen Text prägt, sondern auf andere, aber eng verknüpfte Weise auch viele andere der Bücher, die die Nachwendezeit in Ostdeutschland in Form von Gewaltgeschichten erzählen.

Auch deshalb liegt es nahe, dass diese Bücher nicht nur auf positive Resonanz stoßen. Werden hier nicht letztlich doch nur westdeutsche Klischees über »den Osten« bestätigt, bekräftigt und ausgeschrieben? Gab und gibt es nicht auch in Westdeutschland Rassismus, Rechtsextremismus, Gewalt und massive Drogenprobleme? Was ist mit Mölln und Solingen? Im Essay *Wir waren wie Brüder* weist Schulz darauf hin, dass es »in Westdeutschland wenigstens die Chance auf ein offenes Gespräch« gab, was sich nicht nur auf das Verschweigen in der DDR, sondern auch auf das nicht nur von Präkels betonte »Wegsehen und Nichtwissenwollen« der Nachwendezeit beziehen lässt. Die Vielstimmigkeit, mit der die Nachwendejahre in den letzten Jahren aus ostdeutscher Perspektive literarisch erfasst und reflektiert worden sind, ist auch darauf zurückzuführen. An anderer Stelle fragt Schulz, was »etwa mit Hessen los« sei, mit »den Morden in Hanau, den Polizei-Chats«, und wünscht sich angesichts der im Osten begonnenen Diskussionen »eine ähnliche Reflektiertheit« von Westdeutschen.[23]

Er markiert damit ein Desiderat und eine Gemeinsamkeit der einschlägigen Nachwendenarrationen aus dem ostdeutschen Kontext, die nicht auf die Entscheidung beschränkt bleibt, mit literarischen Mitteln zu arbeiten, aber deren besondere Qualitäten dennoch unterstreichen kann. Man kann hier durchaus das gelegentlich etwas strapazierte Konzept von Literatur als Gegendiskurs in Anschlag bringen und von da aus weiterlesen: Texte zum Terror der 1990er Jahre, auch im Westen und auch aus westdeutscher Sicht, zum Terror und zu den Opfern des NSU,[24] sei es aus (post)migrantischen Perspektiven, wie sie Shida Bazyar in *Drei Kameradinnen* entwirft,[25] im Blick auf die Rolle von Gewalt in der Familie in Rainald Goetz' Theaterstück *Baracke*,[26] das nicht zuletzt auch den Ost-West-Diskurs adressiert, oder in Kathrin Rögglas Roman *Laufendes Verfahren*,[27] der den über Jahre

23 Rainer Schmidt, *Blutige Landschaften*. Interview mit Daniel Schulz. In: *FAS* vom 23. Januar 2022.

24 Die entsprechenden Lücken in der Literaturwissenschaft bearbeitet ein Sammelband von Matthias N. Lorenz u.a. (Hrsg.), *Rechte Gewalt erzählen. Doing Memory in Literatur, Theater und Film*. Stuttgart: Metzler 2022.

25 Shida Bazyar, *Drei Kameradinnen*. Köln: Kiepenheuer & Witsch 2021.

26 Uraufführung am Deutschen Theater Berlin am 22. September 2023.

27 Kathrin Röggla, *Laufendes Verfahren*. Frankfurt: Fischer 2023.

eskalierenden NSU-Prozess in einer konsequent deeskalierenden Erzählung in den Blick nimmt, nicht als abgeschlossenen Fall, sondern als immer noch laufendes Verfahren, das nicht nur die Zeitverhältnisse irritiert, sondern auch die Perspektive des hier berichtenden mehrstimmigen »Wir«, das oben auf den Zuschauerrängen sitzt, sich erst durch den Prozess konstituiert und durch diesen zugleich grundsätzlich infrage gestellt wird.

Peli Grietzer

Maschinenlogik und poetisches Weltverhältnis

Vor zweihundert Jahren hatten die Dichter und Philosophen der Romantik einen berauschenden Gedanken: Kunst kann die auf andere Weise nicht ausdrucksfähigen Bedingungen zum Ausdruck bringen, die Sinn und Erfahrung der alltäglichen Art erst möglich machen. Kunst, so die Romantiker, ist unser Interface mit den realen Mustern und Beziehungen, die die Welt des rationalen Denkens und der Wahrnehmung zusammenweben. Und auch wenn die meisten Philosophinnen und Künstler die Idee heutzutage nicht auf diese Weise vertreten würden, glaube ich, dass nicht vieles an der Art, wie wir heute Literatur und Musik, Film und Malerei, Tanz und Skulptur wertschätzen, ohne diese Vorstellung funktioniert. Ich will darum zeigen, dass die heute noch frischen ersten Blüten eines mathematischen Blicks auf Musterbildung, Geist und die (menschliche) Welt die romantische Kunsttheorie ganz buchstäblich plausibel machen.

Viele werden die Vorstellung, die Theorie des maschinellen Lernens über das Schicksal der romantischen Philosophie entscheiden zu lassen, für finster oder für eine Sache eines bloß frivolen Widerspruchsgeistes halten, wenn nicht gar für einen Kategorienfehler. Um das, was bei dieser Begegnung passieren könnte, wirklich zu verstehen, und um zu begreifen, warum eine mathematisch-empirische Vorstellung dessen, was Geist ist, immer schon in den Romantikern gesteckt hat, müssen wir am Anfang beginnen.

Der Philosoph Wilfrid Sellars vertrat die Ansicht, wir hätten zwei Bilder von uns. Das eine ist das manifeste Bild, in dem wir uns ungefähr so erscheinen, wie ein juristisches Verfahren in einer liberalen Demokratie uns sehen müsste. Wir handeln, wir argumentieren, wir scheitern daran, zu argumentieren oder zu handeln, wir bilden Gewohnheiten aus, wir sagen, was wir denken, wir reden Sinn oder Unsinn. Das zweite Bild ist das wissenschaftliche Bild, in dem wir das sind, was auch immer es ist, das erklären kann, warum das manifeste Bild funktioniert: Wir sind das Geheimnis dahinter, dass Netzwerke elektrochemischer Pulse ein Tier hervorbringen, dessen Spiele der Welterzeugung, der Lebenserzeugung und der Sinnerzeugung einigermaßen den Zusammenhang wahren.

Ist das alles? Nicht ganz – wir haben noch Religion, Magie, Zen, Konfuzianismus, das Sein und zehntausend andere Dinge –, aber es könnte das sein, worauf es hinausläuft mit uns. Das manifeste und das wissenschaftliche Bild formen eine in sich geschlossene, sich selbst genügende Moderne-Maschine: Die Wissenschaft konstruiert sich selbst aus der Manifestes-Bild-

Rationalität heraus und verspricht, langsam und mit Sorgfalt die Manifestes-Bild-Rationalität zu interpretieren oder neu und anders zu fassen, während jeder sonstige Traum davon, wer wir sind, zum Futter für die Sozial- und die Neurowissenschaften wird. Das wissenschaftliche Bild legt es, technisch gesprochen, darauf an, jedes Bild unserer selbst um die Ecke zu bringen, aber das manifeste Bild ist das, was die Wissenschaft nur auf Teufel komm raus oder nie wird umbringen können.

Unaussprechbarkeit

Und dann gibt es die Poesie. Nicht nur Gedichte im engeren Sinn, eher ein Welt-Bild, das aus der Empörung der Kunst darüber entsteht, dass sie an all dem nicht teilhaben soll. Die Poesie wurde, wie ich das sehe, 1821 erfunden, als Percy Bysshe Shelley sehr an der nur halb ernstgemeinten These eines Freundes zu knabbern hatte, dass Dichter im Zeitalter der Wissenschaftler und Staatsmänner nicht mehr gebraucht würden. »Zu heiligem Zorne [...] erregt« entwarf Shelley eine radikale, neue Theorie über die Fähigkeit des menschlichen Tiers, haltbare Welten, Leben und Bedeutungen zu schaffen: Wir haben, bei allen sonstigen Mängeln unserer Natur, ein gutes Ohr für das, was klick macht. Die Selbste, Ideen, Beziehungen, Kulturen und Wissenschaften, die wir hervorbringen, halten durch eine Art Klicken von Geist, Sprache und Natur zusammen – eine Form des An-etwas-dran-Seins, eine Resonanz, eine Vergnügen bereitende Ahnung einer unaussprechlichen Kohärenz.

Die Wurzeln des Welt-Bilds, das wir »Poesie« nennen, werden erstmals, mit einer seltsamen historischen Abruptheit, im Deutschland des 18. Jahrhunderts lesbar. Die deutsche Philosophie war noch im Taumel der Halb-Erfindung des Computers durch Gottfried Wilhelm Leibniz und suchte nach Möglichkeiten, unser Verständnis der Welt durch ein Aussprechbarer-Machen unserer Gedanken zu vervollkommnen – soll heißen, unsere Begriffe so weit, wie es nur ging, in explizite Listen oder Rezepte oder Regeln zu destillieren. Die Aussicht auf Vollkommenheit liegt dabei teils in Präzision und Selbsterkenntnis um ihrer selbst willen, teils im Versprechen, dass alle Begriffe letzten Endes auf Absoluta wie Gott oder Seele oder einen kosmischen Logos hinauslaufen, in dem unsere Gedanken Vollkommenheit erlangen.

Vor diesem Hintergrund stoßen wir auf den wunderbaren, aber halb vergessenen Alexander Gottlieb Baumgarten, der im Jahr 1735 argumentiert, dass keineswegs unser ganzes Denken nach Aussprechbarkeit strebt: Poesie ist eine besondere Art von Gedanken, ganz ausgesprochen unaussprechbar *(ineffabile)*, und trotzdem ganz vollkommen so, wie sie ist. Was die Poesie laut Baumgarten zu etwas Vollkommenem macht, ist die Tatsache, dass Gedichte, obzwar sie unsere Gedanken nicht so transparent machen können wie die Philosophie, den Horizont unserer Gedanken erweitern, bis diese ihre Natur in größter Fülle offenbaren. Ein Gedicht ist ein Netzwerk untereinander verbundener Bilder, Gefühle und Ahnungen, das in seiner Dichte, Vielfalt und Harmonie eine Form rationaler Vollständigkeit erlangt.

In Baumgartens Traktat über die Poesie, den *Meditationes philosophicae de nonnullis ad poema pertinentibus* (1735), wird in Europa erstmals Poesie als das Ineffable beschrieben. Bis zu Baumgarten war das wesentliche Kennzeichen der Dichtung, dass sie etwas Gemachtes ist (das griechische *poiesis* leitet sich her von »poiein«, was »machen« bedeutet), und außerdem (hier wird das Ineffable in einem banalen Sinn berührt), dass sie emotional ist. Für Baumgarten zeigte das Studium der Poesie, dass wir alles, was wir explizit denken können, auch auf ineffable Art denken können. Baumgartens Theorie guter Poesie ist von einer bizarren, fast schon computerwissenschaftlichen Brillanz: Gute Dichtung ist einfach eine große Menge sinnlicher Gedanken. Der Trick bei dieser absurd klingenden Idee besteht darin, dass wir, um viel auf einmal denken zu können, assoziativ, selbstbezüglich, lebhaft, anschaulich und zeitlich denken – und also alles daran setzen müssen, unsere Gedanken in einem lebendigen Ganzen in Verbindung zu halten. Und dieses Verbindungen erhalten nicht nur, während wir sie zugleich begreifen, das Gedankennetzwerk aufrecht, sondern treten selbst als ineffable Beziehungsgedanken ihrerseits wieder in dieses ein und agieren dann als ineffable Gedanken von Beziehungen zu (ineffablen Gedanken von) Beziehungen und so weiter, bis wir die Fülle des »schönen Denkens« erreichen. Sogar unsere Erfahrung der Schönheit des Gedichts ist zuletzt der ineffable Gedanke der Untereinander-Verbundenheit des Netzwerks des ineffablen Denkens, das den schönen Gedanken mit dem Gedanken seiner eigenen Schönheit vervollständigt. (Und weiter geht's!) Für Baumgarten war ein Denken, das auf den Gedanken seiner eigenen Schönheit kommt, eine Art Sinnes-QED: unsere Fähigkeit der (sinnlichen) Vernunft, die Vollständigkeit eines Gedankens zu erkennen.

Kohärenz-Ideen

Die Idee, dass es eine Form von rationaler Vollständigkeit im Bilderreichtum eines Gedichts gibt, erfreute sich bei Dichtern schnell großer Beliebtheit, aber so ganz kam ihre Zeit erst, als der Kataklysmus von Immanuel Kants *Kritiken* – der *reinen Vernunft*, der *praktischen Vernunft* und der *Urteilskraft* – zwischen 1781 und 1790 Europas intellektuelles Ökosystem heim-

suchte. Kants kritische Philosophie war einerseits eine Absage an die Vorstellung rationaler Vollständigkeit und brachte zum anderen poetischen Analogien dieser rationalen Vollständigkeit einige Sympathien entgegen. Dieser Spalt war es, durch den die Fluten der Romantik dann drangen.

Kants drei Kritiken haben eine Menge Metaphysik und Theologie durch die regulativen Ideen der Vernunft ersetzt. Er argumentiert, dass kosmologische, religiöse und spirituelle Schlüsselbegriffe wie »das Selbst«, »die Einheit der Natur«, »der Fortschritt der Geschichte«, »gemeiner Menschenverstand« oder »Gott« leer und dem Verstand nicht zugänglich sind, aber dennoch unverzichtbar. Wir glauben, diese weltgebenden, lebensgebenden und bedeutungsgebenden Absoluta durch die Unmittelbarkeit der Offenbarung oder den Aufstieg des Verstands zu kennen, in Wahrheit aber sind sie unverständlich, möglicherweise gar nicht real.

Dennoch funktionieren sie als komplexe Ideale der Integrität von Natur, Leben, Geist und der sozialen Welt und sind als solche das Fundament der Möglichkeit des Denkens überhaupt. Richtig verstanden, bestehen diese metaphysischen Ideen teils aus Annahmen, teils aus Hoffnung, teils aus Methode und geben uns »übersinnliche« (das heißt über das Sinnliche hinausreichende) Kriterien der Kohärenz für unser Erleben. Es sind diese Kohärenz-Ideen, die uns in den höheren Alltagsfunktionen des Verstands anleiten: Wir verlassen uns auf sie, um das Wirkliche vom Nichtwirklichen und das Objektive vom Subjektiven zu unterscheiden, um Theorien zu entwerfen und Begriffe anzuwenden. Diese Ideale (Methoden, Annahmen, Heuristiken, Hoffnungen) aufzugeben, hieße das Leben und den Verstand aufzugeben.

Allen Demystifikationen zum Trotz insistiert Kant darauf, dass wir unsere Kohärenzideale als Begriffe von transzendenten Objekten formulieren müssen: Diese regulative Arbeit »wäre, am besten [...] durch ein solches Schema, als ob es ein wirkliches Wesen wäre [...] bewirkt«. Für Kant muss die Welt, wie das menschliche Denken sie kartiert – eine »Lebenswelt«, wie es die Philosophie des 20. Jahrhunderts nennen wird –, der Entwicklung der deutschen Metaphysik folgen und Seele, Logos und Gott voraussetzen, wenn auch diesmal nur als Schemata, mit deren Hilfe sie sich selbst zusammenhält.

Eine mögliche Beschreibung des Welt-Bilds der Poesie wäre, es als die These zu verstehen, dass das, was Lebenswelten brauchen, de facto etwas wie die Kohärenz eines Kunstwerks ist: nicht als Kants seltsame Pantomime einer metaphysischen Aufwärtsbewegung, sondern im Sinne des Untereinander-Verbundenseins von Baumgartens »schönem Denken«. Dass Kant das in den Passagen zur Poesie beinahe auch sagt, und zwar wieder und wieder, wird ihn – einen entschiedenen Verteidiger des gesunden Menschenverstands im Sinn des 18. Jahrhunderts – zu einem eigentümlichen Helden der kommenden Atheisten, Mystiker und Freidenker der deutschen Romantik machen.

Baumgarten hat dem poetischen Vermögen charmante Bezeichnungen wie »Analogon der Vernunft« und »unteres Erkenntnisvermögen« gegeben. Kant wollte nicht nachstehen und hat erklärt, das poetische Vermögen sei das Analogon der Einbildungskraft zur besonderen Welterzeugung der Vernunft, nämlich in Form unvorstellbarer Gedanken. Ein Kunstwerk, und ein Gedicht in ganz vorzüglicher Weise, erschafft eine ästhetische Idee: »diejenige Vorstellung der Einbildungskraft, die viel zu denken veranlaßt, ohne daß ihr doch irgendein bestimmter Gedanke, d.i. Begriff, adäquat sein kann, die folglich keine Sprache völlig erreicht und verständlich machen kann«. Und weiter: »Man sieht leicht, daß sie das Gegenstück (Pendant) von einer Vernunftidee sei, welche umgekehrt ein Begriff ist, dem keine Anschauung (Vorstellung der Einbildungskraft) adäquat sein kann.«

Vernunftideen sind Begriffe, die ihre Verwurzelung in der konkreten, weltlichen Erfahrung aufgegeben haben, um nach dem Transzendenten zu greifen. Ästhetische Ideen sind, analog dazu, Begriffe, die nach dem Transzendenten greifen, dabei aber in der Erfahrung verwurzelt bleiben, wobei sie aufhören, Begriffe zu sein. Die Romantiker haben schnell verstanden, was Kant lieber nicht sehen wollte, dass die Poesie nämlich, so begriffen, etwas zu gut erledigt, was eigentlich Gottes Aufgabe wäre. Für Kant nehmen Gedichte einen Begriff – es könnte ein transzendenter Begriff wie »Ewigkeit« oder »Gott« sein oder ein interessanter, gewöhnlicher Begriff wie »Neid« oder »Tod« – und zerren ihn an einen Punkt gerade zwischen reiner Vernunft und Erfahrung, wo Begriffe zerfallen, aber die Einbildungskraft sich selbst in eine Form der Vernunft verwandelt. Poesie, so Kant, ist ein sich ständig erweiterndes Panorama der »Implikationen und Affinitäten zu anderen Begriffen«, die Begriffe besitzen. Es eröffnet dem »Gemüt […] die Aussicht in ein unabsehliches Feld verwandter Vorstellungen«, jede davon konkret und weltlich, zusammengehalten von einem nicht benennbaren Muster. Poesie bewegt sich so in Richtung des Ineffablen, das die »bloßen Wörter« eines Begriffs, sei es »Gott« oder »Neid« oder »Hund«, an sein Leben in Gedanken und Gefühlen zu binden vermag.

Einbildungskraft

Für Kant bestehen die meisten Begriffe aus der unmittelbaren Erfahrung eines Musters, das er als Schema bezeichnet, und einer Art satzförmiger Repräsentation dieses Musters, die er als Regel bezeichnet. Das Schema eines Begriffs ist das, was den Begriff mit der Welt der Erfahrung in Verbindung bringt. Für Kant bedeutet das etwas Stärkeres als für die meisten Philosophen: Ein Schema ist eine Methode, Empfindungen zu einem Ganzen zu verbinden, das kohärent genug ist, um vom Verstand zusammengehalten werden zu können. Die Regel eines Begriffs ist die Interpretation seines Schemas als Äquivalent zu einem sprachlichen Prädikat, so dass die Beziehungen zwischen den Schemata in der Erfahrung den logischen Beziehungen zwischen ihren Prädikaten entsprechen.

Der Begriff »Hund« etwa ist ein Schema, das es ermöglicht, Hunde als Hunde wahrzunehmen – sprich, ein Schema, um bestimmte Blöcke von raumzeitlichen Daten in Hunde zu übersetzen. Dieses Schema ist für Kant auch dann im Spiel, wenn wir uns einen Hund vorstellen oder uns an einen erinnern, und es funktioniert in beiden Fällen fast auf die gleiche Weise: Sehen ist hauptsächlich Erinnern, und Erinnerung beruht hauptsächlich auf Imagination. Einen Hund wahrzunehmen bedeutet, ein komplexes Raum-Zeit-Objekt zu erleben, das aus mehr besteht als allein aus unserer momentanen Wahrnehmung. Um beispielsweise einen rennenden Hund sehen zu können, müssen wir im Grunde einen Hund erschaffen: Unsere Vorstellungskraft muss das, was in unserer Erinnerung ist, zusammen mit dem Farb- und Forminhalt unserer aktuellen Sinneswahrnehmung zu einem vierdimensionalen Bild eines rennenden Hundes synthetisieren. Festzuhalten ist, dass wir es dabei ganz sicher nicht mit einem Comicstrip über einen rennenden Hund vor unserem geistigen Auge zu tun haben. Kant argumentiert, dass das, was wir in Wahrnehmung, Gedächtnis und Vorstellung erleben, vielmehr etwas Abstrakteres ist: das Muster »Hund« (oder eher »rennender Hund mit braunem Fell, kurzem Schwanz, nasser Schnauze …«), das in Kombination mit unseren momentanen Sinneseindrücken die vierdimensionale Mannigfaltigkeit mit dem Grad an Genauigkeit erfasst, den unser Verstand auf einmal aufzunehmen in der Lage ist.

Konkret liefert dieses Muster eine Anleitung zur Konstruktion der Sequenz von Hundewahrnehmungen in meinem Gedächtnis aus meiner aktuellen Wahrnehmung eines Hundes. Es geht jedoch nicht so sehr darum, die Sequenz zu erzeugen, als vielmehr sie zu repräsentieren: Kant zufolge ist das nur möglich, wenn wir über einen schlüssigen Algorithmus, eine durchgängige Regel, verfügen, um solche Sequenzen aufzubauen. Darüber hinaus kann dieses Muster als Repräsentation nicht viel bedeuten, wenn es nicht in irgendeiner Weise allgemein ist. Ein Schema, das nur ein einziges Vielfaches erzeugt, ist überhaupt kein Schema – was wir wollen, ist ein Schema, das bei unterschiedlichen Sinneseindrücken jeweils eine andere Abfolge von

Hundewahrnehmungen erzeugt. In diesem Sinn besteht die Aufgabe eines Schemas nicht nur darin, die verschiedenen Momente eines Hundeerlebnisses zu verbinden, sondern auch ein einzelnes Hundeerlebnis mit dem Raum aller überhaupt möglichen Hundeerlebnisse zu verbinden.

Das bringt uns vom Schema des Begriffs zu seiner Regel: In Fällen wie »Hund« führt unser Wahrnehmungsschema zu einem Prädikat wie, nun ja, »Hund«. Das funktioniert, weil unser Wahrnehmungsschema »Hund« mit unseren Wahrnehmungsschemata »Schwanz«, »Tier«, »Vogel« und so weiter in einer Weise interagiert, die sich gut auf logische Beziehungen abbilden lässt: »Einige Hunde haben kurze Schwänze«, »keine Hunde sind Vögel«, »alle Hunde sind Tiere«, »ein Vogel mit kurzem Schwanz und ein Hund mit kurzem Schwanz stehen in der Beziehung, dass sie Tiere mit kurzem Schwanz sind«, »wenn X ein Hund ist, dann ist X notwendigerweise ein Tier, notwendigerweise kein Vogel und möglicherweise mit kurzem Schwanz«. Wie Kant in der ersten Kritik erklärt, sind es die Stärke, Dichte und Stabilität dieses Beziehungsgeflechts, die das Prädikat »Hund« möglich machen. Das Prädikat wiederum überführt hundeartige Wahrnehmungen aus einer Art Zwischenreich zwischen Empfindung und Gedanke in einen eigentlichen Gedanken – sieh an, ein Hund!

Kants kritische Philosophie argumentiert, dass die Struktur des Denkens selbst uns die grundlegenden Lego-Teile der Erfahrung liefert: Raum, Zeit und ein Repertoire an Formen der Einheit, die wir kombinieren, um verrauschte Sinnesdaten in Hunde und Städte, Bäume und Sonnensysteme, Kohlköpfe und Könige zu verwandeln. Dass sich diese Teile wirklich zu einer Welt zusammenfügen, ist so ungewiss, wie es andererseits notwendig ist, um überhaupt etwas wahrnehmen zu können – sogar einen Hund.

KI und die Kohärenz der Welt

An dieser Stelle bringt Kant die regulativen Ideen der Vernunft ins Spiel. Die Ideen von Gott, Logos und Seele sind Ausdruck der Tatsache, dass wir unsere Sinnesdaten einer komplexen und kohärenten Welt von Mustern subsumieren müssen, die sich unserer Vorstellungskraft verdanken. Zugleich sind sie Ausdruck unserer Hoffnung, dass diese Vorstellungswelt auch künftigen Sinnesdaten standhalten wird, sowie unserer Entschlossenheit, uns aufzuraffen und es erneut zu versuchen, sollte dies einmal nicht der Fall sein. Die ästhetischen Ideen, die in der Poesie aufscheinen, sind für Kant eine Art lebendige Landkarte der Arbeit, die die regulativen Ideen leisten. Vor allem aber vermitteln sie, wie diese sich an der empirischen Realität und im Zusammenspiel unserer geistigen Vermögen bewähren. »Poesie« in diesem großen Sinn ist zweifellos etwas Wunderbares, sofern man ihr denn begegnet. Aber – seien wir mal naiv – gibt es sie tatsächlich? Können wir uns diese Frage überhaupt ernsthaft stellen?

Ich hoffe, unsere Rückschau auf die ersten Tage der »Poesie« hat dazu beigetragen, zu zeigen, dass die Poesie tatsächlich zutiefst mit dem verwoben ist, was Sellars das wissenschaftliche Bild nannte. Poesie, als das imaginative Erfassen der Kohärenz einer Welt, handelt zum Teil von derselben Sache: den kausal-materiellen Mustern, die rationales Leben möglich machen. Und während unser wissenschaftliches Bild etwa in der Mitte des 20. Jahrhunderts nicht viel hergab, woran sich die Poesie hätte festhalten können, haben sich die Zeiten und die Bilder geändert – insbesondere mit der Entwicklung des modernen maschinellen Lernens. In den letzten Jahren sind aus diesem Feld aufregende mathematische und empirische Erkenntnisse über die Muster hervorgegangen, aus denen sich menschliche Lebenswelten zusammensetzen, über die Mechanismen imaginativen Erfassens und über die Resonanz zwischen beidem. Ich glaube, dass wir auf diesen Hinweisen aufbauen können, um eine Art minimale poetische Bildgeschichte über Kunst und ihre Bedeutung zu erzählen, die wirklich im wissenschaftlichen Bild verankert ist.

Was mir dabei vorschwebt (ich werde das noch eingehender in einem kommenden Buch ausführen), ist eine Darstellung, wie die ästhetische Einheit oder der »Vibe« eines künstlerischen Werks die kausal-materielle Struktur einer Lebenswelt zur Anschauung bringen kann. Der kognitive Gehalt eines literarischen Werks läge dann zum Teil in einer ästhetischen »Atmosphäre«, die wir erfassen können, wenn wir die unzähligen Objekte oder Phänomene, die die imaginative Landschaft des Werks ausmachen, als eine Art kuratiertes Set betrachten. In vielen Fällen sollten wir uns diese ästhetische Einheit als Destillat einer lockereren, schwächeren Art von Einheit zwischen den Objekten oder Phänomenen in der wirklichen Welt vorstellen, also als eine Art Darstellung einer Struktur dieser wirklichen Welt.

Wir können diese Geschichte als poetische Fußnote zu einer mathematischen (oder zumindest mathematisch-empirischen) Geschichte in der Sprache der Künstlichen Intelligenz erzählen. Und obwohl ich das notwendige Vokabular der KI-Theorie hier nicht in vollem Umfang entwickeln kann, bringt uns das kantische Vokabular, das wir bereits aufgebaut haben, seltsamerweise auf halbem Weg dorthin. Wahrnehmung, sagt Kant, ist imaginative Reproduktion: Wahrnehmen heißt, eine Folge von Sinneseindrücken durch ein generatives Rezept wiederherzustellen und so ihre Einheit und Struktur zu erfassen. *Vibe* ist so etwas wie die Sprache dieser Rezepte. *Vibe* entsteht, wenn unsere Rezepte für das Erfassen der unzähligen Objekte oder Phänomene einer Welt die gleichen Rechenressourcen und -techniken nutzen.

Nehmen wir die KI-Operation des Auto-Encodings. Ein Auto-Encoder ist ein künstliches neuronales Netz, das lernen soll, Eingaben durch einen Komprimierungsengpass zu reproduzieren: Es muss jede Eingabe in seinem Trainings-Set in einen kurzen Code »übersetzen« und dann die Eingabe aus dem Code annähernd rekonstruieren. Es geht darum, dass das neuronale Netz lernt, reichhaltige rekursive Muster zu nutzen, die seine Trainingsdaten ganzheitlich strukturieren, und eine Art gestalterischer Gewandtheit entwickelt, die sein Trainings-Set wie eine spezifische Lebenswelt modelliert. Das Ergebnis dieses Trainingsprozesses ist letztlich eine Art Rezeptbuch für die Objekte im Trainingsbereich. Wenn alles gutgeht, fungieren diese Rezepte als intelligente Repräsentationen ihrer Objekte und bilden zusammen eine Art Karte der internen Logik des Trainingsbereichs.

Es versteht sich von selbst, dass die kurzen Codes, die ein Auto-Encoder lernt, keine exakten Reproduktionen ihrer Zielobjekte ergeben: Sie konstruieren stattdessen idealisierte Annäherungen, indem sie die Objekte durch ihre Doppelgänger aus einer Menagerie von superkomprimierbaren Objekten ersetzen. Es ist diese Menagerie – mathematisch ausgedrückt, das Bild der trainierten Auto-Encoding-Funktion – und ihre Beziehung zum Modell des Auto-Encoders für sein Trainings-Set, die das Auto-Encoding zu einem idealen Ausgangspunkt für das Verständnis dessen macht, was *Vibe* ausmacht. Zusammen mit dem Mathematiker Tomer M. Schlank habe ich herausgefunden, dass eine Stichprobe aus dem Bild eines trainierten Auto-Encoders mehr Information über die Struktur der ihr zugrunde liegenden Daten enthält als eine Stichprobe der Daten selbst.[1] Zugespitzt formuliert: Hier lässt sich auf mathematischer Grundlage zeigen, wie Kunst das allgemeine »Weltgefühl« oder den Realitätssinn einer Person und das unglaubliche damit verbundene Strukturwissen vermittelt.

Grenzen des Diskursiven

Aufmerksame Leser werden an dieser Stelle einwenden, dass uns all das mathematisierte Schwingungsgerede nicht zu Shelleys lebensspendender Poesie oder zum Wahren, Guten und Schönen führen wird. Das ist mehr oder weniger beabsichtigt beziehungsweise: Es liegt nicht zuletzt in der Natur der Sache. Sofern Poesie die erstaunliche innere Einheit ausdrückt, die unser

1 Peli Grietzer, *Ambient Meaning: Mood, Vive, System*. Dissertation Harvard University, 2017 (dash.harvard.edu/handle/1/39988028).

Denken und Handeln im besten Fall beseelt, dann ist es weder wünschenswert noch möglich, sie auf eine Art mathematische Formel zu reduzieren. Nicht umsonst lehnen die zeitgenössische literarische Praxis wie die poetisch informierte Philosophie in aller Regel jede wie auch immer gefasste stabile Kohärenz oder Integrität als Grund oder Ideal des menschlichen Lebens ab. Poesie, so würden wir heute sagen, ist die unendliche Verhandlung der In-Kohärenz unseres sich selbst transformierenden In-der-Welt-Seins.

Anstatt all dem in Kategorien der Mathematik nachzuspüren, sollten wir lieber versuchen, uns auf den Bereich zu konzentrieren, in dem die Poesie mit der kausal-materiellen Realität in Berührung kommt. Die Arbeit der Poesie ist immer amphibisch, sie vermischt Fragen nach kausal-materiellen Mustern mit Wertfragen. Rahmt man *Vibe* mathematisch sinnvoll, erweist sich das Konzept als janusköpfig genug, der Poesie einen Platz im wissenschaftlichen Bild zu verschaffen, ohne ihr dabei ihren elementaren Eigenwert abzusprechen.

Ein *Vibe* kann entweder eine empirische oder eine ideelle Struktur markieren, und in gewissem Sinne ist er immer ein bisschen von beidem. Man könnte sagen, dass existentielle Ideale zum Teil *Vibes* sind, ja sogar *Vibes* selbst eine Art von Ideal darstellen. Was will ich damit sagen? Erstens, dass eine wertgebende Lebensweise oder Kultur oder Tradition – ganz gleich, ob konfuzianisch, säkular-jüdisch oder zu irgendeiner der zeitgenössischen Subkulturen gehörig – zum Teil aus dem *Vibe* der Lebenswelt besteht, die sie aufbaut. Zweitens, dass die Konsistenz solcher *Vibes* Teil unserer Vorstellung von einem sinnvollen Leben im Allgemeinen ist: Den *Vibe* einer Lebenswelt zu erfassen bedeutet, diese als etwas zu verstehen, das einem existentiell zugehört. All dies erfordert eine gewisse Konzilianz seitens der kausal-materiellen Ordnung.

Lebensweisen sind hartnäckige Weltgestalter, aber sie sind keine Autarkien. Wenn wir unsere Interpretations-, Kunst- und Handlungsfähigkeit auf die Natur anwenden, bleibt notwendigerweise Raum für Resonanz, Entdeckung und Überraschung, für Freude an der Harmonie der Lebenswelt und an der Gegenseitigkeit von Realem und Idealem – aber auch für Verwüstung, Inkohärenz und Zusammenbruch. Vom Standpunkt einer Lebensweise aus gesehen, ist die *Vibe*-Kohärenz ihrer Welt eine Art regulative Idee: teils Annahme, teils Methode, teils Hoffnung.

Womit wir an einem heiklen Punkt angelangt wären. Meine Argumentation beruht in gewisser Weise auf der Prämisse, dass das poetische Denken eine mathematische oder rechnerische Beziehung zwischen Geist und Welt sein muss. Viele großartige Philosophen des 20. Jahrhunderts in der Tradition des späteren Ludwig Wittgenstein verabscheuen den Impetus,

Bedeutung und Denken außerhalb des menschlichen Lebens zu begründen. Für Wittgenstein und viele Philosophen der »ordinary language« oder des Pragmatismus ist unser Diskurs über Denken und Bedeutung am besten als eine Art sich selbst begründende menschliche Praxis zu behandeln und nicht als etwas, das mit einer unabhängig existierenden natürlichen, metaphysischen oder mathematischen Ordnung zu tun haben könnte. Bedeutung und Denken, sagen die Wittgensteinianer, sind Aspekte der menschlichen Lebensform, die wir in unseren Sprachspielen begründen, in denen wir einander wechselseitig interpretieren.

Meinem Verständnis nach macht die Poesie den Autonomieglauben, der diese Tradition kennzeichnet, verdächtig, oder pointierter: Ich glaube, dass die Poesie direkt an die materielle Basis unserer Sinnspiele herankommt – an die realen affektiven, kognitiven und physischen Dynamiken, die dem Sinn und dem Unsinn Bedeutung verleihen. An Kant angelehnt könnte man sagen, dass die Poesie zwischen unseren Begriffen und unserer Abhängigkeit von undurchsichtigen Strukturen in Geist und Natur lebt, damit die Begriffe funktionieren. Nimmt man dieses spekulative Denken ernst, liegt der Gedanke nahe, dass die Poesie nicht mit Begriffen erklärt werden kann, die dem Feld des manifesten Bilds angehören. Die Poesie bietet eine Art Backstage-Tour des manifesten Bilds, sie erlaubt uns einen Einblick in die Konstitution dieser Begriffe selbst. »Poesie« – der Gehalt oder Sinn eines Kunstwerks – ist nicht auf unser Regelverständnis angewiesen. Es ist ein Geflecht von Gedanken, Gefühlen und Wahrnehmungen, das durch materielle Kraft Sinn ergibt und nicht durch unsere Verfahren der Singebung.

Against Interpretation

Diese Metaphern von »materieller Kraft« und »Sinngebungsverfahren« in schöne philosophische Unterscheidungen zu verwandeln, wäre zähe Arbeit, ich will hier lieber versuchen, möglichst konkret zu werden. Ich habe argumentiert, dass ein Kunstwerk ein kognitiv-affektives Konstrukt erschafft, das aus der Sicht des wissenschaftlichen Bilds einem Auto-Encoder sehr ähnlich sein könnte. Aus Sicht des manifesten Bilds ist dieses kognitiv-affektive Konstrukt aber nicht einfach unleserlich. Es vermittelt vielmehr die Vorstellung, dass die Welt ungefähr die Struktur hat, die dieses Kunstwerk in idealer Form vorführt. Damit rückt das kognitiv-affektive Konstrukt des Kunstwerks in den Bereich des abstrakten Denkens, wo wir es mit logischen, modalen, epistemischen und deontischen Operatoren kombinieren können, um komplexe theoretische und moralische Gedanken über die unterschiedlichen Modi von Weltschöpfung zu bilden. Ich glaube, dass viele der reichsten ästhetischen Ressourcen der Kunst darauf beruhen, dass diese solche kognitiv-affektiven Konstrukte hervorbringt und dass es vielen der existentiellen, sozialen und transzendentalen Anliegen der Poesie entgegenkommt, wenn man sich diskursiv mit ihnen auseinandersetzt. So weit, so rational.

Ich möchte allerdings betonen, dass diese Beziehung zum Diskurs eine Einbahnstraße ist: Das Erfassen eines Kunstwerks ist keine Anwendung diskursiver Rationalität, und darüber hinaus ist der Gehalt, den wir so erfassen, zwar diskursiv anschlussfähig, er hat aber keine diskursive Struktur. Was will ich damit sagen? Erstens, dass es keine rationale Regel, kein Verfahren (egal wie »organisch« oder »praktisch« oder »implizit«) für das Erfassen eines Kunstwerks gibt. Dabei geht es nicht darum, dass Kunstwerke unvorhersehbar oder komplex oder amorph sind – die gewöhnliche Sprache ist auch unvorhersehbar und komplex und amorph –, sondern dass das Erfassen eines Kunstwerks nicht einfach eine Frage der richtigen Interpretationsentscheidungen ist. Wenn es um das Erfassen eines poetischen Gedankens geht, greift die Idee, man müsse nur einem Sprachspiel richtig folgen oder auch eines etablieren, notwendigerweise zu kurz.

Im Sprachspiel der gewöhnlichen zwischenmenschlichen Verständigung belohnen sich die richtigen interpretativen Urteile und Entscheidungen selbst: Bedeutung ist hier definiert oder sogar konstituiert durch die Verfahren der rationalen Interpretation, die wir dabei jeweils anwenden. Im Gegensatz dazu ist das Erfassen eines Kunstwerks eine kognitiv-affektive Übung, vergleichbar etwa mit Meditation. Meditative Praktiken werden von Anweisungen und impliziten Regeln geleitet, die wir durch Eintauchen in die Materie erlernen – aber das Wesentliche an der Meditation sind weniger die Entscheidungen, die wir dabei treffen, als vielmehr der kognitiv-affektive Prozess, den sie katalysieren und lenken. Die Entscheidungen, die wir in einer meditativen Praxis oder in unserer Auseinandersetzung mit einem Kunstwerk treffen, sind in diesem Sinne ein wenig wie die Entscheidungen beim Kochen oder Backen. Es gibt eine undurchsichtige Transformation zwischen ihnen und der Sache, die wir machen: Ein Soufflé ist kein Soufflé, bevor nicht auch der Ofen seinen Beitrag dazu geleistet hat.

Poesie als Mysterium

Der Versuch, sich einen Weg durch das Unkraut der postwittgensteinschen Philosophie zu bahnen, mag anstrengend sein. Um einsichtig zu machen, weshalb es sinnvoll ist, unsere Ideen über poetisches Denken oder Bedeutung mit dem wissenschaftlichen Bild in Einklang zu bringen, anstatt sie der Autorität unserer Sprachspiele zu überlassen, lohnt der Aufwand jedoch. Ich behaupte, dass es nicht an uns liegt, Poesie zu definieren. Die Tatsache, dass Gedichte, Romane, Gemälde, Musik und Filme kognitiv-affektive Vorgänge auslösen, die einen Sinn haben, hat etwas unwiderruflich Empirisches. Und es liegt auch etwas unwiderruflich Empirisches in dem Druck, diese Vorgänge als »Gehalt« oder »Sinn« zuzulassen.

Das bringt uns nach und nach zur zweiten Hälfte meiner obigen Behauptung: Beim Erfassen eines Kunstwerks spielt diskursive Rationalität keine entscheidende Rolle, das Kunstwerk wiederum hat seinerseits keine diskursive Struktur. Es gibt keine adäquate Erklärung, Paraphrase oder Rekonstruktion poetischer Gedanken durch das manifeste Bild: Wir können weder den Inhalt bestimmter poetischer Gedanken im Vokabular des manifesten Bilds rekonstruieren noch können wir damit etwas Wesentliches über das poetische Denken im Allgemeinen oder seine Rolle in unserem Leben sagen.

Ein gedanklicher Weg in diese Richtung führt über die bekannte Vorstellung, dass Poesie das ist, was wir nicht umschreiben können. (»Wenn ich versuchen wollte, alles in Worte zu fassen, was ich in meinem Roman ausdrücken wollte«, schrieb Leo Tolstoi 1876, »müsste ich denselben Roman noch einmal schreiben.«) An und für sich muss diese Behauptung unsere Auffassung von Poesie nicht in Richtung des wissenschaftlichen Bilds drängen – schließlich ist es auch ziemlich schwierig, alltägliche Begriffe wie »Stuhl« oder »Spiel« zu umschreiben. Aber sofern wir einmal akzeptieren, dass es eines undurchsichtigen, nichtdiskursiven Sprungs bedarf, um einen poetischen Gedanken zu erfassen, dann impliziert die Unmöglichkeit der Paraphrase, dass wir außerhalb der Reichweite des Diskursiven gelandet sind.

Für echte Poesie ist die Unabhängigkeit von der Autorität der menschlichen Praxis unabdingbar. Doch unter der doppelten Herrschaft des manifesten und des wissenschaftlichen Bilds führt das Beharren darauf, dass Poesie eine ungezähmte Art der Sinngebung ist, zu unendlichen Schwierigkeiten: Wenn wir sie nicht unter die Fittiche unserer selbstbegründenden Spiele nehmen können, wer soll dann das Sagen haben? Die Wissenschaft der empirischen Psychologie? Alles, was wir da erfahren können, ist, dass bestimmte Reize (Bücher, Filme, Lieder, Gemälde) Gefühle auslösen, die uns dazu bringen, darauf zu bestehen, wir hätten Einsichten. Ist das wirklich die Art und Weise, wie wir uns zur Poesie verhalten wollen?

In den Zeiten vor der Herrschaft von diskursiver Rationalität und Wissenschaft konnten wir vielleicht darauf hoffen, dass die Poesie für uns eine Art heiliges Mysterium darstellt. Heutzutage jedoch droht das Lückenfüllen und Rätselraten in Bezug auf unsere Beziehung zur Poesie uns von der Poesie und zugleich die Poesie vom Sinn abzuschneiden. Vielleicht brauchen wir ein wenig »Heiligkeit« – ich meine damit nur die Vorstellung von etwas Vertrautem und zugleich Fremdem, Notwendigem und Überraschendem, Intuitivem und Unbegreiflichem –, um dem Impuls entgegenzuwirken, ihrem Mysterium rational beikommen zu wollen.

Die Poesie ist zu einem großen Teil das Versprechen, dass wir ein heiliges Mysterium ohne metaphysischen, religiösen oder übernatürlichen Ballast haben können. Um dem poetischen Denken gerecht zu werden, müssen wir aus den Strängen des manifesten wie des wissenschaftlichen Denken eine Sprache dafür weben. Meine Hoffnung, die Poesie als heiliges Mysterium zu erhalten, steht und fällt mit meiner Überzeugung, dass unsere Erfahrung der Poesie eine Variante der mathematischen Erfahrung ist.

Aus dem Englischen von Christian Demand und Ekkehard Knörer

Musikkolumne

»Musikontologien«

Von Tobias Janz

Was ist Musik? Wann ist etwas Musik? Im Alltagsleben stellen sich solche Fragen nicht, wo immer schon entschieden scheint, dass es sich bei dem, was man hört, macht oder nur beiläufig registriert, um Musik oder keine Musik handelt. Man begegnet ihnen in Grenzbereichen der Musik. Dort wo es der Musikphilosophie um die Bestimmung solcher Grenzen geht. Oder dort, wo irritierend Neues oder Fremdartiges die Reaktion, das sei *keine* Musik (mehr), provozieren mag. Die Musikwissenschaft weicht ontologischen Fragen nach ihrem Gegenstand gerne aus, manchmal ungehalten. Zu oft schon wurden sie gestellt und schlecht beantwortet; sie seien von vornherein falsch gestellt, denn mit Nietzsche gesprochen: Definieren lässt sich nur, was keine Geschichte hat. Hinter dieser Skepsis steht eine ausgesprochen moderne Haltung, die mit keiner unveränderlichen Ordnung des Seins mehr rechnet, keine stabile Identität von Begriffen und Kulturgegenständen kennt. So wie die Ontologie aber keineswegs aus der modernen Philosophiegeschichte verschwunden ist, ist sie auch gegenüber einer als geschichtlich und kulturell kontingent begriffenen Musik nicht obsolet geworden. Sie wird allerdings komplizierter, was sich allein daran zeigt, dass für einen »ontological turn« in der Musikforschung aktuell nicht in der analytischen Musikphilosophie, sondern in einem Bereich geworben wird, von dem man es früher nicht erwartet hätte – der Anthropologie.[1]

Die Anthropologie sieht sich, was die Musik betrifft, in der globalisierten, digital immer enger verflochtenen Gegenwart mit einer überfordernden Gleichzeitigkeit kulturell ungleichzeitiger Musikformen konfrontiert. Gleichzeitigkeit bedeutet, dass der Geschichte keine Rationalisierung des Ganzen in Form eines erzählten Nacheinander mehr zugetraut wird. Ungleichzeitigkeit meint jenes kulturell Disparate, in das die als spannungsvoll plural und unübersichtlich erfahrene Gegenwart zu zerfallen scheint. Die neue Ontologie der Musik zielt, in ihrer anthropologischen Ausrichtung, nun nicht auf ein harmonisierendes Verständnis dieses Disparaten im Sinne eines umfassenden Seins, sondern umgekehrt auf eine Ontologisierung der Differenz. Von Ontologie wird deshalb nicht im Singular, sondern grundsätzlich im Plural gesprochen. Die Denkfigur hat Vorläufer, etwa bei Michel Foucault, der wie Husserl von regionalen Ontologien spricht, damit aber mehr als nur die Aufteilung der einen, formalen Ontologie in Bereichsontologien (der Sprache, der Natur, der Kunst, des Sozia-

1 Vgl. Georgina Born, *Introduction: music, digitisation and mediation – for a planetary anthropology*. In: Dies. (Hrsg.), *Music and Digital Media. A Planetary Anthropology*. London: UCL Press 2022.

len usw.) meint.[2] Es geht um Heterogenitäten, denen historische Diskontinuitäten und kulturelle und epistemische Differenzen zugrunde liegen.

Wie ist das zu verstehen? Die radikale Variante, und ein wichtiger Bezugspunkt für die musikalische Diskussion, ist der Perspektivismus von Anthropologen wie Eduardo Viveiros de Castro oder Eduardo Kohn. Sie vertreten einen ontologischen Pluralismus, für den die okzidentale Rationalität keinerlei epistemischen Vorrang vor dem magischen Denken der indigenen Populationen des Amazonasbeckens hat. Im Gegenteil wird das wilde Denken (in langer anthropologischer Tradition) als deren Korrektiv ins Spiel gebracht. Die säkular-moderne Minimaldefinition von Musik als »humanly organized sound« (John Blacking), auf die sich die ältere Musikethnologie noch verständigen konnte, erscheint dann als unzureichend, als Ausdruck einer begrenzten, semantisch armen Ontologie. Mehr noch: In ihrem Anspruch auf universelle Geltung wäre sie ein Fall hegemonialen Denkens, das animistischen Musikpraktiken durch Subsumtion und Beschneidung um ihre spirituellen Dimensionen Gewalt antut. Was Musik im Rahmen indigener Musikontologien wäre, ginge verloren, wenn man es in die eine Ontologie westlicher Musikethnologie übersetzt. Der Plural lässt die Differenz bestehen.

Eine Ontologie, die auf diese Weise westliche Philosophie und animistisches Denken in ihrer Differenz umfasst, verschiebt und weitet den Begriff der Ontologie und nähert ihn dem Begriff der Kultur an. Wenn von »ontologies of music« gesprochen wird,[3] dann nicht von ungefähr auf eine Weise, die in der Schwebe lässt, wo die Grenze zwischen der Ontologie als Form des Nachdenkens über Letztbegründungen und der davon erfassten Wirklichkeit liegt. Dies ist der Punkt, an dem die Dinge kompliziert oder schlicht verwirrend werden.

Die begriffliche Unschärfe ist die Konsequenz einer Kultursemiotik, für die sich auch die materielle Kultur als Text und Logos lesen lässt. »Musikontologie« ist dann nicht nur die Antwort auf die Frage, was Musik ist, inwiefern es sie gibt, was sie als Seiendes ausmacht. Es geht in einem umfassenderen Sinne um die Selbstkonzeptualisierung von Kulturen. »Ontologies of music« bezeichnet ganz unmetaphorisch auch begriffslose Musikpraktiken, in denen Musik vor allem körperlich vollzogen wird, ohne dabei als Denkobjekt thematisch werden zu müssen. Ontologie realisiert sich performativ, ist keine gedankliche Abstraktion, sondern bereits in den musikalischen Praktiken und ihren Objekten vorhanden, deren zeichenhafte Außenseite sich entziffern lässt. In posthumanistischer Lesart geht eine so verstandene Musikontologie in die Sphäre dessen über, was jenseits des menschlichen Denkens, jenseits des Humanen und quer zur (modernen) Unterscheidung von Kultur und Natur liegt. Tierlaute etwa oder der Signalaustausch von Pflanzen und Pilzen wären potentielle

2 Vgl. Jan Urbrich / Jörg Zimmer (Hrsg.), *Handbuch Ontologie*. Stuttgart: Metzler 2020.

3 Grundsätzlich und umfassend bereits Philip V. Bohlman, *Ontologies of Music*. In: Nicholas Cook / Mark Everist (Hrsg.), *Rethinking Music*. Oxford University Press 1999.

Musikontologien, in medientheoretischen Ansätzen die Schaltkreise einer posthumanistisch gedachten Technik.

Allein schon rhetorisch wird mit der Bezeichnung »ontologies of music« zu verstehen gegeben, dass es nicht bloß um ein anderes Wort für Kultur geht, sondern um Grundlegendes. Die rhetorische Geste besteht darin, wie Differenz über den Begriff der Ontologie mit der philosophischen Fundamentalkategorie schlechthin zusammengedacht wird. Differenz *ist* dann die nicht weiter auflösbare Gleichzeitigkeit unterschiedlicher Stellungen zum Sein. Unter der Rhetorik leidet oft allerdings die Konsistenz der Argumentation, etwa wenn zur Begründung nur auf das anscheinend selbsterklärende identitätspolitische Postulat eines Rechts auf »ontologische Selbst-Bestimmung« verwiesen wird.

Rückfragen ergeben sich in theoretischer Hinsicht, etwa hinsichtlich der Frage, inwieweit sich ein konsequent dezentriertes Denken mit dem alteuropäischen Begriff »Musik« vereinbaren lässt, der in seinem Singular (»of music«) ja unangetastet bleibt. Schwierigkeiten ergeben sich aber auch in der Empirie. Georgina Born betont bei ihrem Plädoyer für den *ontological turn*, dass Unterscheidungen zwischen globalem Norden und globalem Süden, modern und traditionell, zivilisiert und indigen in postkolonialen Gesellschaften viel zu grob seien, um die zur Diskussion stehenden ontologischen Differenzen zu fassen. »Fissuren« zwischen musikalischen Ontologien zeigten sich vor allem lokal, etwa im ländlichen Indien zwischen Personen unterschiedlichen Bildungsgrads, unterschiedlicher sozialer Stellung, unterschiedlichen Zugangs zu globalen Ressourcen und Diskursen. Anhand welcher Kriterien lassen sich Musikontologien aber unterscheiden, wenn man sich von einem totalisierenden Kulturbegriff verabschiedet und Individuen mit hybriden Identitäten in den Blick nimmt? Was unterscheidet sie von Kausalzusammenhängen oder bloßem Handeln? Wie unterscheiden sie sich von Vorurteilen oder Wahnsystemen? Und welchen Subjekten, welchen Rechtsträgern wären sie jeweils zugeordnet?

II

Hinter dem, was zunächst nur wie eine Fußnote zum heutigen Musikdenken wirkt, könnte sich mehr verbergen, denn die Debatte beschränkt sich nicht auf das Problem der Repräsentation indigener Musikkulturen und ihrer Ontologien. Die zeitgenössische Kunstmusik, für die Musikontologie seit langem von zentraler Bedeutung, sieht sich heute mit denselben Fragen konfrontiert.

Traditionell richtet sich ontologisches Denken hier auf das musikalische Kunstwerk als ontologisch bekanntermaßen kompliziertes Seiendes, auf die Kunst und ihre Stellung innerhalb des Wirklichen, auf die Frage, ob Kunst ontologisch primär von ihren Gegenständen oder dem Subjekt der ästhetischen Erfahrung, mehr metaphysisch oder von konkreten sozialen Praktiken her zu begreifen sei. Die Pluralität von Meinungen, der man dabei begegnet, hat noch nichts mit der zuvor angedeuteten ontologisierten Differenz, sondern zunächst schlicht mit dem Faktum konkurrierender wissenschaftlicher Hypothesen zu tun, die sich verschiedenen Denktraditionen zuordnen lassen, sich aber durchaus im selben Diskursrahmen bewegen.

Das Prinzip ontologischer Selbstbestimmung betrifft, so könnte man sagen, allerdings die Kunst als solche und ihre Autonomie. Was Kunst ist und was Musik als Kunst sein kann, wird innerhalb der Kunst selbst und nur dort bestimmt. Gerade dies, ihre operative Geschlossenheit, macht sie in der Moderne zu einem hochgradig dynamischen Bereich. Unsicherheit, also die Unklarheit darüber, worum es sich bei Kunst handelt, ist – so Georg Bertram – sogar ihr ontologisch wesentliches Merkmal. In der Kunst geht es, nach der oft zitierten Formulierung Niklas Luhmanns, darum, Ordnungszwänge im Bereich des nur Möglichen nachzuweisen. Indem sie dies tut, setzt sie mit jedem Werk und jedem Akt von neuem aber auch eine Grenze, die die Differenz zwischen dem markiert, was zum Bereich der Kunst gehört, und dem, was sich außerhalb befindet. Weil Musik offensichtlich nicht immer schon und nicht in jedem Fall Kunst ist, gibt es (unendlich viel) Musik, deren Ort jenseits jeder möglichen Ontologie der Kunst liegt. Diese Differenz tritt mit der Kunst selbst in die Welt. Kunstmusik ist insofern – wie jede unterscheidbare Art von Musik – einerseits exklusiv, sie wirkt über den grenzenlosen Bereich des Möglichen, in dem sie agiert, rückblickend aber auch maximal inklusiv: Kaum ein Klingendes, kaum ein Verfahren der Klangproduktion, das bislang noch nicht kunstmusikalisch genutzt worden wäre.

Karlheinz Stockhausens *Telemusik* von 1966, einer in Japan produzierten und bis heute kontrovers diskutierten elektronischen Komposition, liegt die Idee einer in diesem Sinne maximal inklusiven Kunstmusik zugrunde. Stockhausen verarbeitet, als phonographisch fixierte musikalische »ready mades«, in ihr unter anderem japanische Tempelglocken, indigene Musik aus Amazonien, transsilvanische und vietnamesische Volksmusik und subsaharische Trommeln. Der anthropologischen Forderung nach einer Pluralisierung der Ontologie wird *Telemusik* – so die Kritik – nun aber gerade nicht gerecht, denn das Werk macht die globale Vielfalt der Musik zum frei manipulierbaren Material, lässt die eine Ontologie der Kunst dabei aber unangetastet.

Genau darum, eine Irritation ihrer Ontologie, geht es nach Borns Analyse in der zeitgenössischen digitalen Kunstmusik. Was auf den ersten Blick nach internen Positionskämpfen und innerkünstlerischer Innovation aussieht, interpretiert sie als »ontologische Experimente«, die an die Grundlagen der Kunstmusik rühren (wollen). Konkret geht es um Spielarten der elektronischen Kunstmusikavantgarde in Großbritannien und Kanada, die sich gegen eine als hegemonial wahrgenommene Tradition der konzertförmigen akusmatischen elektronischen Musik richten, für die Werke wie Stockhausens *Telemusik* stehen. In der hier beobachteten Szene der elektronischen Musik stehen sich ein konservatives Lager, das der Tradition akusmatischer Kunstmusikkomposition die Treue hält, und ein progressives Lager unversöhnlich gegenüber, das traditionelle Grenzziehungen zwischen Kunst und Pop, zwischen Medien und Künsten für obsolet hält und in seinen Arbeiten verschwimmen lässt. Der Konflikt resultiert für Born aus technologischen Entwicklungen im Bereich der Konsumentenelektronik und deren zunehmend aggressiver Vermarktung seit den achtziger Jahren, aus Transformationsprozessen in den neoliberal geführten Bildungseinrichtungen – der institutionellen Heimat der Neuen Musik im englischsprachigen Raum – sowie einer allgemeinen Verlagerung ästhetischer Präferenzen. In der jüngeren Generation mache sich der generelle Bedeutungsverlust der europäischen Kunstmusik – einschließlich großer Teile der Nachkriegsavantgarde – bei gleichzeitigem Bedeutungsgewinn alternativer Formen experimenteller Musik, von Rock und Pop bemerkbar.

Die Suche nach alternativen Ontologien der Musik hat zweifellos hier eine ihrer Ursachen. Sie manifestiert sich in künstlerischen Projekten, die das ritualisierte Konzert für Interaktionen im Netz öffnen, alternative Situierungen von Musik und Klang in urbanen oder naturnahen Räumen ausprobieren und dabei Ethnografie und Klangkunst fusionieren. Ethnische und Klassendifferenzen werden durch Partizipation von Bevölkerungsgruppen adressiert, die zum Feld der westlichen Kunst traditionell keinen Zugang haben. Posthumanistisch orientierte Arbeiten interessieren sich für die akustische Kommunikation von Pflanzen, ökologische Themen werden aber auch durch den Einsatz von »dirty electronics« – Metallschrott und gebrauchter Konsumentenelektronik statt High-End-Studiotechnik – aufgegriffen.

Wenn Born die Genealogie der analysierten Arbeiten auf den Konzeptualismus der 1960er Jahre zurückführt, wird allerdings deutlich, wie unklar ihr ontologischer Status bei allem Insistieren auf Alterität bleibt, denn die permanente Irritation der materialen, medialen und institutionellen Grenzen der Kunst war ja bereits das entscheidende Element ihrer Ontologie. Die alternativen Ontologien wären insofern gar nichts anderes als jene Ordnungszwänge, nach denen (moderne) Kunst immer schon sucht.

Ein allzu inklusiver Begriff von Kunst sollte auf der anderen Seite nicht blind machen für die immensen medialen und gesellschaftlichen Transformationen, die sich hinter ihrem Rücken ereignen und ihre Möglichkeitsbedingungen von hier aus tangieren. Künstlerische Bewegungen, die sich heute unter Überschriften wie New Discipline und Neuer Konzeptualismus sammeln, sind vor allem wohl ein Indikator für das, was sich in der Systemumwelt der Kunst verändert und ihren Bestand möglicherweise gefährdet.

III

Man kann, hieran anknüpfend, den Gedanken der Pluralität von Musikontologien noch einmal anders wenden, indem man ihn den benachbarten Begriffen der Epistemologie und der Ideologie gegenüberstellt. Als Ideologie erscheint Musik nicht nur dort, wo sie sich politischen Ideologien (Faschismus, Kommunismus oder Neoliberalismus) fügt oder fügen muss, sondern überall dort, wo Diskrepanzen zwischen Musik und Wirklichkeit, künstlerischem Denken und gesellschaftlichem Sein wahrgenommen werden. Dies ist seit langem der Hauptvorwurf der Progressiven an eine als innerlich entleert empfundene Tradition.

Eine Diskrepanz zwischen Denken und Sein ist das Gegenteil dessen, was die Ontologie für sich beansprucht, ihr geht es schließlich um die Übereinstimmung von Denken und Sein. Ideologien wären insofern gescheiterte Ontologien, Ideologiekritik wäre Kritik an falschen Ontologien – oft unter Voraussetzung einer alternativen Ontologie. Für die klassisch marxistische Kritik war die Kunstmusik ein Ausdruck bürgerlicher Ideologie, weil sich ihre Ontologie auf das Absolute, Wahre, Gute, Schöne stützte, dabei aber die – für die Ontologie des historischen Materialismus entscheidende – Dimension des gesellschaftlichen Seins ignorierte. Kunstmusikontologien nach Marx kritisieren wiederum am historischen Materialismus dessen reduktionistische Tendenzen und sehen in Musik im Gegenteil einen Schutzraum vor den nivellierenden Kräften von Politik und Markt oder trauen ihr utopisch die Kraft zur Transformation der kapitalistisch in die Desintegration getriebenen Gesellschaft zu.

Polemisch gewendet wie hier richtet sich der Begriff Ideologie vor allem auf historisch gleichzeitige Phänomene. Es geht um die Kritik gegenwärtiger Ideologie mit dem Ziel ihrer Überwindung. Verwendet man den Ideologiebegriff, mit Karl Mannheim, allgemein im Sinne der Perspektivität und Unvollständigkeit jedes kohärenten Weltbilds, nähert ihn dies der relativistischen Vorstellung pluraler Ontologien an. Mit dem entscheidenden Unterschied allerdings, dass im Ideologiebegriff das Moment der Diskrepanz zwischen Weltbild und Wirklichkeit mitgedacht bleibt. Ideologie impliziert den relativierenden Blick von außen, Ontologie gibt die Innenperspektive.

Mannheims totaler Ideologiebegriff ist wiederum ein Vorläufer des wissenschaftstheoretischen Begriffs der Epistemologie. Auch Epistemologie und Ontologie sind aufeinander bezogen, vor allem dann, wenn Ontologie – anders als der anthropologische Perspektivismus es will – als wissenschaftliche Denkform begriffen wird. Epistemologie thematisiert die Bedingungen möglichen Wissens. Solche Bedingungen mögen sich ihrerseits auf explizite oder implizite ontologische Vorannahmen stützen. Historisiert, pluralisiert und relativiert man mit Michel Foucault die Epistemologie, rückt dies auch sie in die angedeutete Nähe zur Vorstellung pluraler Ontologien.

Epistemologien der Musik sind zunächst Epistemologien der Musiktheorie oder der Musikwissenschaft, also wissenschaftlicher Disziplinen, deren Gegenstand Musik ist.[4] Eine Pluralität von Ontologien lässt sich hier sowohl denkgeschichtlich als auch mit Blick auf die Ausdifferenzierung des Musikwissens in der Moderne ausmachen. Musik wurde lange Zeit kosmologisch und theologisch, dann vor allem humanwissenschaftlich gedacht. Die Humanwissenschaften begriffen Musik seit dem 18. Jahrhundert dann entweder physiologisch oder kunstgeschichtlich, soziologisch oder ökonomisch, psychologisch oder ethnografisch.

Bei allen grundsätzlichen Unterschieden ließe sich Epistemologie der Musik schließlich auch im Sinne dessen denken, was bei Adorno die Tendenz des Materials ist: ein ebenfalls historisch begriffenes *a priori*, an dem sich entscheidet, was musikalisch in einer bestimmten historischen Situation möglich ist und was nicht; also welche Konsequenzen Bach oder Strawinsky aus dem Stand des ma-

4 Vgl. Nicholas Cook, *Epistemologies of music theory*. In: Thomas Christensen (Hrsg.), *The Cambridge History of Western Music Theory*. Cambridge University Press 2002.

terial Verfügbaren und seiner kompositionstechnischen Verwendung gezogen haben, warum Strawinsky aus historischen Gründen (und nicht aufgrund mangelnder Fähigkeiten) nicht mehr komponieren konnte wie Bach. Adornos Begriff des Materials ist insofern ontologisch, als er dialektisch das Ganze des geschichtlichen Zusammenhangs in den Blick nimmt. Von der Vorstellung pluraler Ontologien unterscheidet ihn, dass es Adorno um einen Gradmesser für richtige und falsche musikalische Haltungen zum gesellschaftlichen Sein geht.

Der Gedanke pluraler Ontologien der Musik bleibt rhetorische Geste oder wird selbst zur Ideologie, solange Ontologie schlicht – als wäre es ein natürliches Faktum – mit dem jeweiligen Sosein einer Musik identifiziert wird. Blindes Identitätsdenken erreicht aber das Gegenteil dessen, worauf die eigentlich emanzipatorische Intention hinaus will: Differenz so zu begreifen, dass durch die Anerkennung von Alterität eine Verständigung über die Frage möglich wird, in welcher Welt wir leben wollen.[5] Zum Element einer Aufklärung über das Musikalische wird die Idee pluraler Musikontologien nur in dem Maße werden, in dem sie soziologische, denkgeschichtliche oder ästhetische Differenzierungen zulässt.

5 Deborah Danowski / Eduardo Viveiros de Castro, *In welcher Welt leben? Ein Versuch über die Angst vor dem Ende*. Übersetzt von Ulrich u. Clemens van Loyen. Berlin: Matthes & Seitz 2019.

Zwecklose Zweckmäßigkeit

Zur Geschichte der Logistik

Von Timo Luks

Weit ab von einer Beschäftigung mit Containern, Frachtpapieren, Lagerhallen, Paletten und dergleichen legten die exilierten Max Horkheimer und Theodor W. Adorno 1944 eine überraschende Spur: »Auf dem Weg von der Mythologie zur Logistik hat Denken das Element der Reflexion auf sich verloren, und die Maschinerie verstümmelt die Menschen heute, selbst wenn sie sie ernährt.« Der Begriff »Logistik« fungiert hier in Form eines Bonmots als Fluchtpunkt jenes geistesgeschichtlichen Vorgangs, den die *Dialektik der Aufklärung* düster rekonstruiert. »Nicht auf jene Befriedigung, die den Menschen Wahrheit heiße, sondern auf ›operation‹, das wirksame Verfahren, komme es an«, so präzisieren Horkheimer und Adorno. Damit werde »Vernunft selbst zum bloßen Hilfsmittel der allumfassenden Wirtschaftsapparatur«, reduziert auf Versachlichung und Formalismus. Sie sei »das Organ der Kalkulation, des Plans, gegen Ziele ist sie neutral, ihr Element ist die Koordination«. Vernunft sei »zur zwecklosen Zweckmäßigkeit geworden, die eben deshalb sich in alle Zwecke spannen läßt. Sie ist der Plan an sich betrachtet.«

Horkheimers und Adornos Begriffswahl ist überraschend. Widmet man sich der Geschichte der Logistik, ist sie allerdings auch bezeichnend. Die Historikerin Monika Dommann zeigt in ihrer Studie zum Thema nämlich auf, dass die Logistik unter anderem aus kriegswissenschaftlichen Diskursen hervorging, die bis in die Zeit des Ersten Weltkriegs zurückreichen, in Großbritannien und den USA dann aber vor allem während des Zweiten Weltkriegs als »operations research« systematisch vorangetrieben wurden.[1] Das mit Blick auf das Problemfeld der Logistik verwendete Vokabular, so Dommann, »trägt sowohl militärische als auch philosophische, mathematische und sozialwissenschaftliche Bedeutungsschichten in sich. Es entstand im Kontext der amerikanischen Militär- und Kriegswissenschaft und diffundierte nach dem Zweiten Weltkrieg von einem militärischen Begriff in eine allgemeine betriebswirtschaftliche Organisationstheorie.« Nachschubökonomie im Krieg, ingenieurswissenschaftliche Rationalisierungsdiskurse, Kapitalismus und industrielle Massenproduktion – diese Konstellation machte es für Horkheimer und Adorno wohl intuitiv plausibel, »Logistik« und »operation« in die *Dialektik der Aufklärung* hineinzuschreiben.

Dazu passt, dass Monika Dommann eine weitere Begriffswurzel rekonstruiert: eine mathematisch-formallogische, die Logistik als formalisierte »Operation« fasst und mit den Arbeiten Oskar Morgensterns, einem der Mitbegründer der Spieltheorie, verbunden ist. Die Spieltheorie war attraktiv, weil sich mit ihr komplexe Situationen auf formale Typen reduzieren und mathematisch beschreiben ließen. Einer kurzen Phase militärischer Anwendung während des Zweiten Weltkriegs folgte daher auch ihr temporärer Aufstieg zur Blaupause der Sozialwissenschaften.[2]

Als der Logistikbegriff um 1960 im betriebswissenschaftlichen Mainstream angekommen war, handelte es sich um eine Melange aus militärischer »operations research«, Managementlehren und Informationstheorie. Nach Dommann ist Logistik »einerseits eine Ingenieurswissenschaft, die Mitte des 19. Jahrhunderts im Zusammenhang mit der Entwicklung von Transporttechniken und Beförderungsmitteln zur Distribution von Warenmassen entstand. Doch Logistik ist auch ein Bündel diverser Wissensbestände, die sich im Laufe des 20. Jahrhunderts in Austauschbeziehungen zwischen dem Transportwesen, der Industrie, dem Militär und der Wissenschaft entwickelten und die mit der Kontrolle, Steuerung, Formalisierung, Standardisierung und visuellen Repräsentation von Materialflüssen beschäftigt sind.« In dieser Perspektive wird aus einem auf den ersten Blick randständigen Thema der Schlüssel zum Verständnis eines spezifisch modernen Denkstils und darüber hinaus des globalen Kapitalismus.

1 Monika Dommann, *Materialfluss. Eine Geschichte der Logistik an den Orten ihres Stillstands*. Frankfurt: Fischer 2023. – Alle Zitate stammen, wenn nicht anders ausgewiesen, aus Dommanns Studie.

2 Robert Leonard, *Von Neumann, Morgenstern, and the Creation of Game Theory. From Chess to Social Science, 1900–1960*. Cambridge University Press 2010.

Fließende Ordnung und die Orte des Stillstands

In einer Welt der Warenzirkulation und des Güterverkehrs ist Stillstand die ultimative Bedrohung. Je reibungsloser der Warenverkehr funktioniert, desto diskreter laufen logistische Prozesse ab. Als komplexes und voraussetzungsvolles System wird Logistik nur dann sichtbar, wenn es irgendwo hakt. Daher wendet auch Monika Dommann in ihrer Studie einen »epistemischen Trick« an: »Denn die Materialflüsse lassen sich historisch am besten an den Orten ihres temporären Stillstandes untersuchen. Da, wo Waren, Rohstoffe und Halbfabrikate gelagert und umgeladen werden. Da, wo sie stranden oder ihren Bestimmungsort verpassen. Da, wo sie bewertet, gestapelt, getaggt und mit Zeichen versehen werden. Aber auch da, wo der Materialfluss zuallererst mathematisch modelliert, graphisch skizziert, als Filmsequenz inszeniert und in Arbeitsorganisationen integriert wird.«

Die Geschichte der Logistik zeigt, welche Bedeutung Vorstellungen fließender Ordnung und kanalisierter Dynamik in der Moderne hatten und haben. Als »Logistik« 1917 erstmals zur buchtitelgebenden Vokabel aufstieg, und zwar in der Abhandlung des Lieutenants der US-Marine George Thorpe,[3] war der Bezug zu Fragen tayloristischer Betriebsführung sofort präsent. Frederick Winslow Taylors *The Principles of Scientific Management* war 1911 erschienen und nach dem Krieg zur Blaupause für Betriebsingenieure geworden, die sich gezwungen sahen, über die mit Fließband und Materialfluss verbundenen Herausforderungen für die betriebliche Ordnung nachzudenken.[4]

Für die Geschichte der Fabriken wurde wiederholt analysiert, wie die Inszenierung einer spezifischen Architektur als bauliche Verkörperung von (technischer) Modernität fungierte. Produktionsingenieure und Architekten entwickelten seit dem frühen 20. Jahrhundert die Idee einer *rational factory*, in der nichts hakte und nichts stockte, deren interne Abläufe ebenso reibungslos gestaltet sein sollten wie ihre Anbindung an das Verkehrsnetz und den Markt. »Flow« meinte in diesem Kontext zunächst den Materialdurchlauf in der Fabrik, dann aber auch stets weiter ausgreifende Bewegungen und Verkettungen.[5]

Aus logistischer Perspektive treten den Fabriken die Lagerhäuser zur Seite. Es liegt nahe, wie Dommann das Warenlager als »genuinen Moment des Stillstands inmitten des Transports, des Handels und des Konsums zu verstehen«. Die Geschichte der Lagerhausarchitektur führt nach Zürich Giesshübel. Dort entstand 1910 das erste Lager neuer Bauart: mit den heute ikonischen Betonpfeilern, die die Tragelast erheblich vergrößerten und mit ihren hyperbelförmigen Köpfen »fließend in die Betondecken übergingen«. Erdacht hatte diese Form der Bauingenieur Ro-

3 George C. Thorpe, *Pure Logistics. The Science of War Preparation*. Franklin Hudson Publishing 1917.

4 Timo Luks, *Der Betrieb als Ort der Moderne. Zur Geschichte von Industriearbeit, Ordnungsdenken und Social Engineering im 20. Jahrhundert*. Bielefeld: transcript 2010.

5 Lindy Biggs, *The Rational Factory. Architecture, Technology, and Work in America's Age of Mass Production*. Baltimore: Johns Hopkins University Press 1996.

bert Maillart. Das »Pilzdeckenmodell« setzte sich rasch durch. Dommann: »Für eine Geschichte der Logistik sind Maillarts Lagerbauten deshalb so zentral, weil sich an ihnen die Bemühungen von Bauingenieur:innen ablesen lassen, Verfahren für wirtschaftliche Lösungen in Bezug auf Raumnutzung, Bodenbelastung und Bauzeit zu finden.«

Lagerhäuser wurden in gleicher Weise zu Ikonen modernen Bauens wie die Getreideelevatoren, die Anfang des 20. Jahrhunderts US-amerikanische Bahnstrecken zu säumen begannen. Architekten wie Le Corbusier entdeckten darin »Zeichen eines neuen, verheißungsvollen Maschinenzeitalters« und empfahlen ihren Berufsgenossen, sich in Fragen der Gestaltung an den Ingenieuren zu orientieren. Die gebauten Orte der Logistik zeugen so von einer »ingenieurwissenschaftlichen Neukonzeption des Material- und Warenumschlags und der Arbeitsorganisation vor dem Hintergrund der Massenproduktion, die sich seit Mitte des 19. Jahrhunderts durch die Industrialisierung angebahnt hatte«.

Lieferketten im globalen Kapitalismus

Jenseits der skizzierten Zusammenhänge führt die Geschichte der Logistik ins Zentrum all jener Fragen, die mit der Geschichte des globalen Kapitalismus verbunden sind. Seit den 1990er Jahren entdeckte beispielsweise die Wirtschaftsberichterstattung die Logistikbranche, und in der jüngsten Zeit wurden Logistikrisiken immer wieder zum Thema. Das verweist auf eine spezifische Phase im Verhältnis von Globalisierung und Kapitalismus.

Der seit den 1970er Jahren deutliche »Trend zur vertikalen Desintegration« wurde, so resümiert Friedrich Lenger, einerseits durch »Ausnutzung immenser Lohndifferenzen zwischen verschiedenen Weltregionen« genährt, verdankte sich andererseits aber auch »dem technologischen Wandel und insbesondere dem Vordringen digitaler Informations- und Kommunikationstechnologien«.[6] Unter diesen Voraussetzungen kam es zu einer Neuorganisation von Lieferketten und Absatzwegen. Für Zulieferbetriebe schuf das den Zwang, entweder größere Lagerbestände aufzubauen, »für die sie selbst dann die Kosten einschließlich des Risikos für schwergängige Artikel und Größen zu tragen hatten«, oder aber ihr Produktionssystem in Richtung modularer Fertigung von Bauteilen weiterzuentwickeln. Damit entstanden Herausforderungen, für die logistische Lösungen gefunden werden mussten. Lenger spricht von einer »Neuformierung der Wertschöpfungsketten«, die »die Grenzen zwischen Produktion und Handel, zwischen Industrie und Dienstleistungssektor« verschwimmen lässt. Eine Voraussetzung waren Entwicklungen im Transportbereich, zu denen an allererster Stelle die »Containerisierung« zu zählen ist.

Im Zusammenhang mit der globalen Warenzirkulation stellte und stellt sich hier auch die Frage der Zölle. Freihandelsdebatten prägten im Prinzip den gesamten ökonomischen Diskurs seit dem 19. Jahrhundert. Neben den damit verbundenen Grundsatzfragen entstanden – aus Sicht verschiffter oder lagernder Güter – auch ganz praktische Probleme. So lenkt Mo-

6 Friedrich Lenger, *Der Preis der Welt. Eine Globalgeschichte des Kapitalismus.* München: Beck 2023.

nika Dommann das Augenmerk auf das leicht zu übersehende Phänomen der Einrichtung von Zollfreilagern um die Jahrhundertwende. Die zwischen 1885 und 1921 in mehreren Etappen realisierte Hamburger Speicherstadt oder das 1922 in Basel, also in unmittelbarer Grenzlage zwischen Frankreich, Deutschland und der Schweiz, errichtete Freilager fungierten als exterritoriale Transiträume. »Durch Zäune von der Außenwelt abgegrenzt«, schreibt Dommann mit Blick auf die Anlage der Zürcher Freilager AG (eröffnet 1924), »markierten im Inneren Gitter den virtuellen Grenzübertritt der Waren. Durch Freilager wurden Zwischenräume geschaffen, räumliche und zeitliche Puffer, mittels derer die Bezahlung von Zollgebühren terminlich aufgeschoben werden konnte. Nach dem Transit durch die Verzollungshalle wurde der transitorische zollfreie Zustand der Waren wieder aufgehoben.«

Die Räume der Logistik

Die Geschichte der Logistik verweist unmittelbar auf eine bestimmte Raumordnung und Raumpraxis: auf das Zusammenspiel von Orten des Lagerns und Transiträumen unterschiedlichen Maßstabs. Entscheidend war und ist die Verknüpfung lokaler, nationaler, internationaler und globaler Räume.

So arbeitete beispielsweise die Verkehrsplanung spätestens in der Zwischenkriegszeit am Konzept integrierter Verkehrsregionen unterschiedlichen Maßstabs. In elaborierten Planungen wurden Räume als »wabenartiges Gebilde« gefasst, um eine lückenlose, aber auch überschneidungsfreie Verkehrsinfrastruktur zu ermöglichen. »Räumliche Ordnung« und »eine optimale Koordinierung der Verkehrsmittel im Interesse übergeordneter Effizienz« griffen in diesem Diskurs ineinander.[7]

Von der anderen Seite her verband sich der logistische Denkstil mit globalistischen Diskursen, die, darauf weist David Kuchenbuch hin, Entwicklungen der Transport- und Kommunikationstechnologie mit Fragen der Weltkriegsstrategie und einer Debatte über weltweite Vernetzung verbanden. Während des Zweiten Weltkriegs boomten in den USA »Reflexionen über die Ausweitung militärischer Nachschubräume, über die strategische Bedeutung der Polarrouten, wenn nicht allgemein über die Tatsache der Kugelgestalt der Erde und die damit verbundene Notwendigkeit der Herausbildung eines geografisch ›flexibleren‹ Denkens«.[8] Hier wird ein Merkmal logistischer Rationalität deutlich: die Fähigkeit und der Anspruch, eine an Transporterfordernissen ausgerichtete Einheitswissenschaft zu entwerfen, die nur noch quantitative und maßstäbliche Unterschiede kennt.

Menschen und Dinge

Im Grundsatz macht Logistik keinen Unterschied zwischen Menschen und Dingen, verschiedenen Bestimmungsorten oder Verwendungsmöglichkeiten des Transportierten. Dennoch ist ihr als Wissensformation und Ensemble vielfältiger Praktiken

7 Anette Schlimm, *Ordnungen des Verkehrs. Arbeit an der Moderne – deutsche und britische Verkehrsexpertise im 20. Jahrhundert*. Bielefeld: transcript 2011.

8 David Kuchenbuch, *Globalismen. Geschichte und Gegenwart des globalen Bewusstseins*. Hamburger Edition 2023.

ein Bias in Richtung Güterverkehr eingebaut. Zwar ist auch die Beförderung von Menschen im Großen wie im Kleinen mit logistischen Herausforderungen verbunden, beispielsweise mit Fragen der Gleisbelegung, Bordbistros und Toiletten oder der Fahrplantaktung,[9] das wird dann aber eher mit dem Begriff der Mobilität in Verbindung gebracht. Für die Geschichte des globalen Bewusstseins wiederum, also dafür, dass es seit den 1880er Jahren, wie Kuchenbuch schreibt, »für eine präzedenzlos große Zahl von Menschen zur Selbstverständlichkeit wurde, die Welt als politischen, ökonomischen, sozialen und naturräumlichen Gesamtzusammenhang zu betrachten«, scheint gerade die Verschränkung beider Dimensionen – die Intensivierung des Güterverkehrs wie auch die Verdichtung von Reiserouten – entscheidend gewesen zu sein.

Die schwerreichen Logistikkönige heutiger Tage glauben allerdings, beides ließe sich trennen. Als sich der deutsche Unternehmer Klaus-Michael Kühne im März 2016 zur sogenannten Flüchtlingskrise äußerte, plädierte er für eine Begrenzung des Zuzugs von Flüchtlingen, gab sich aber zuversichtlich, dass die Logistikbranche »mit Grenzkontrollen umgehen« könne. »Ich stimme denjenigen nicht zu,«, gab er zu Protokoll, »die behaupten, dass der Warenaustausch dann zusammenbrechen würde.«

Monika Dommann leitet ihr Buch mit dieser Anekdote ein, wohl auch weil Kühnes Versuch, die koordinierte Bewegung von Gütern und die unregulierte Bewegung von Menschen voneinander zu entkoppeln, aufschlussreich für eine logistische Denkweise ist, die mit Menschen nicht sonderlich viel anzufangen weiß. Das gilt nicht nur für die Abgrenzung von Logistik und Migration, sondern auch für die Organisation der Arbeit, handelt es sich doch um eine Branche, die gerade an den Orten des Stillstands außerordentlich arbeitsintensiv ist. Nicht ohne Grund spielen Transport- und Hafenarbeiter in jüngeren Forschungen zur Globalgeschichte der Arbeit eine besondere Rolle.

Mit der Verknüpfung von Räumen unterschiedlichen Maßstabs standen Gütertransport und Warenverkehr vor kommunikativen Herausforderungen. Beides ist ohne Begleitmedien nicht zu denken. Logistik braucht nicht nur Güterwaggons, Kräne, Gabelstapler, Paletten, sondern auch Frachtzeichen, Flowcharts, Kartei- und Lochkarten – und zwar solche, deren Verstehbarkeit über Sprachgrenzen hinweg möglich ist. Ausgehend von einem ebenso spannenden wie überraschenden Quellenbestand – einer von Hans-Rudolf Lutz zwischen 1975 und 1990 angelegten Sammlung von Wellpappkarton-Piktogrammen,[10] die sich im Museum für Gestaltung Zürich befindet –, widmet sich Monika Dommann grafischen Zeichen, »die zeigen, wie verpackt, gestapelt und verladen werden soll«.

Lutz' Konvolut dient als »archäologische Sammlung der materiellen Kulturen logistischer Praktiken«, aber auch als Beispiel für zahlreiche, seit der Zwischen-

9 Thomas Etzemüller, *Das Kursbuch der Deutschen Bundesbahn. Lebenstaktung in der schwerfälligen Moderne*. In: *Merkur*, Nr. 888, Mai 2023.

10 Hans-Rudolf Lutz (Hrsg.), *Die Hieroglyphen von heute. Grafik auf Verpackungen für den Transport*. Zürich 1990.

kriegszeit forcierte Versuche, sprachenübergreifende Kommunikationsformen zu entwickeln, etwa in Form standardisierter Piktogramme.[11] Dabei verändert sich auch die Praxis der Aneignung von Schrift, wenn etwa leseunkundige Transportarbeiter den Aufdruck »fragile« als Piktogramm verstehen konnten, das einen bestimmten Umgang mit dem Frachtgut anzeigte. Dommann: »Diese Form der Verbindung von Ware und Information während des Transports stellte eine einfache, aber äußerst konstante Praxis dar. Sie ist deshalb medienhistorisch und sozialhistorisch bedeutsam, weil unter den Bedingungen von zunehmenden räumlichen Entfernungen, unter dem Credo von Beschleunigungssteigerung und mit der Einführung von festen Terminfristen neue Formate und Zeichensysteme entwickelt und durchgesetzt wurden, die auf schnelle Erkennbarkeit ausgerichtet waren.«

Wissensforschung als logistische Disziplin

Nimmt man die Spur wieder auf, die Horkheimer und Adorno gelegt haben, als sie eine bestimmte Entwicklung des Denkens als dessen Verwandlung in »Logistik« beschrieben, wirft ein Blick in die Geschichte der Logistik noch eine ganz andere Frage auf: diejenige nach den Methoden der Wissensforschung. So mutet beispielsweise Monika Dommanns Ansatz selbst ein wenig logistisch an. Sicher zutreffend betont sie, dass sich im »ingenieurwissenschaftlichen Gebrauch der Fluss- und Materialflussmetapher« eine Sicht von oben spiegele.

Die entsprechenden Metaphern stehen für eine Perspektive, »die vorgibt, Überblick über unübersichtliche Situationen in einer durch Massenproduktion geprägten Welt zu verleihen. Die logistischen Praktiken bieten sich seit dem 19. Jahrhundert als koordinierende, vermittelnde und überbrückende Instanz an, welche die mit der Mechanisierung von Produktion und Transport entstandenen Probleme der räumlichen Bewältigung und des zeitlichen Abgleichs von Rohstoffen und Waren übernimmt.«

Dem »synchronisierenden und ordnenden Blick von oben« will Dommann »mit einer an der Akteur-Netzwerk-Theorie (ANT) geschulten ›Follow-the-Movement-Heuristik‹« begegnen, »welche in konkreten Räumen ansetzt und einige der an der Entstehung von logistischen Praktiken beteiligten Akteur:innen, Dinge, Techniken, Wissensbestände und Zeichen in ihren sozialen Umgebungen untersucht«. Dieses theoretisch-methodische Programm steht für einen Ansatz, der in der sozialwissenschaftlichen und historischen Wissensforschung der letzten Jahre dominant geworden ist.

Es wird deutlich, dass die Logik der Logistik und die einer bestimmten Art von Wissensforschung gar nicht so verschieden sind. Eine »Follow-the-Movement-Heuristik« klingt nicht nur zufällig nach einer logistischen Heuristik. Die seit geraumer Zeit prominente Bezugnahme auf die Arbeiten Bruno Latours und die Akteur-Netzwerk-Theorie zeitigt in der Beschäftigung mit der Logistik einen überraschenden Effekt: Sie zeigt den logistischen Kern sozialwissenschaftlicher Me-

11 Vgl. Daniela Stöppel, *Visuelle Zeichensysteme der Avantgarden 1910 bis 1950. Verkehrszeichen, Farbleitsysteme, Piktogramme.* München: Verlag Silke Schreiber 2014.

thodik. Latours Programm zielt darauf, in der Beschäftigung mit dem Sozialen »Verbindungen nachzuzeichnen (to trace, tracer)«, also zu prüfen, »was unter dem Dach der Gesellschaft ›versammelt‹ wird«.[12]

Die Akteur-Netzwerk-Theorie ist offenkundig ein inventarisierender Denkstil, der Spuren, Wegen und Verbindungen heterogener Elemente nachgeht. Die kritische Pointe besteht darin, nicht nur das bereits Bekannte zu inventarisieren, sondern sensibel für neue, sich gerade erst bildende Entitäten zu sein. »Ich will«, schreibt Bruno Latour, »nicht das Versammeln des Kollektivs mit dem bloßen Überblick über Entitäten verwechseln, die bereits versammelt sind, oder mit einem Bündel homogener sozialer Bindungen.« Das ist, etwas zugespitzt, eine sozialwissenschaftliche Logistik, die nicht nur Frachtbriefe tabellarisch erfasst, sondern die Augen nach blinden Passagieren, sei es nun Mann oder Maus, offenhält.

Der Übergang von den Flussmetaphern der Ingenieure zu den Netzwerkmetaphern der Wissensforschung ist eher gradueller Natur. Dazu passt, dass der Begriff des Dispositivs, den Monika Dommann wie viele andere Autorinnen und Autoren adaptiert, ein logistischer Fachbegriff war, bevor er durch Michel Foucault zu geschichts- und sozialwissenschaftlicher Prominenz gelangte. Im militärisch-logistischen Kontext sind damit die Gesamtheit der für eine Operation zur Verfügung stehenden Ressourcen sowie deren spezifische Anordnung gemeint.

Bei Foucault heißt es später: »Das, was ich mit diesem Begriff zu bestimmen versuche, ist erstens eine entschieden heterogene Gesamtheit, bestehend aus Diskursen, Institutionen, architektonischen Einrichtungen, reglementierenden Entscheidungen, Gesetzen, administrativen Maßnahmen, wissenschaftlichen Aussagen, philosophischen, moralischen und philanthropischen Lehrsätzen, kurz, Gesagtes ebenso wie Ungesagtes, das sind die Elemente des Dispositivs. Das Dispositiv selbst ist ein Netz, das man zwischen diesen Elementen herstellen kann. Zweitens ist das, was ich im Dispositiv festhalten möchte, gerade die Natur der Verbindung, die zwischen diesen heterogenen Elementen besteht [...] Drittens verstehe ich unter Dispositiv eine Art – sagen wir – Gebilde, das zu einem historisch gegebenen Zeitpunkt vor allem die Funktion hat, einer dringenden Anforderung nachzukommen. Das Dispositiv hat also eine dominante strategische Funktion.«[13]

Rekonstruiert man nun die Logistik als Dispositiv, dann wiederholt man im Grunde die logistische Operation der Anordnung von Ressourcen. Und damit läuft eine sich selbst als kritisch verstehende Sozialwissenschaft Gefahr, den Weg »zur Logistik« (Horkheimer / Adorno) zu beschreiten und »das Element der Reflexion auf sich« zu verlieren.

12 Bruno Latour, *Eine neue Soziologie für eine neue Gesellschaft*. Aus dem Englischen von Gustav Roßler. Frankfurt: Suhrkamp 2010.

13 Michel Foucault, *Das Spiel des Michel Foucault (Gespräch)*. In: Ders., *Schriften in vier Bänden. Dits et écrits. Bd.* II. Aus dem Französischen von Reiner Ansén, Michael Bischoff u. a. Frankfurt: Suhrkamp 2002.

Arbeitsauftrag Aufklärung

Klaus Heinrichs »ursprung in actu«

Von Wolfram Ette

Seit der letzten Veröffentlichung einer Vorlesung des Berliner Religionswissenschaftlers Klaus Heinrich ist viel Zeit vergangen[1] – Zeit, in der sich Wesentliches zugetragen hat, nicht bloß in Bezug auf Heinrich selbst, sondern auch in Bezug auf unser Selbstempfinden als menschliche Gattung, und deswegen, da dies sein Lebensthema war, eben auch in Bezug auf Klaus Heinrich. Er ist im November 2020 gestorben; kurz zuvor hatte der Freiburger Verlag ça ira es übernommen, die Veröffentlichung seines Werks weiterzuführen; in der Hauptsache also, da Heinrich nur wenig publiziert hat, die Edition der von seinen Studentinnen und Studenten mitgeschnittenen Vorlesungen zu besorgen, die er fast durchlaufend von 1971 bis 1999 hielt.[2]

Den Auftakt der Reihe bildet eine Einführungsvorlesung aus dem Jahr 1990, in der Heinrich sich mit Heideggers Ereignisphilosophie auseinandersetzt. Niedergeschrieben zwischen 1936 und 1939 und von den Herausgebern als sein zweites Hauptwerk (nach *Sein und Zeit*) annonciert, war der Band gerade erst aus dem handschriftlichen Nachlass ediert und der Gesamtausgabe hinzugefügt worden. Heinrichs besonderes Interesse an diesem Text erklärt sich vor dem Hintergrund der hitzigen Postmodernedebatten der 1980er Jahre, die das für ihn verbindliche Rationalitätsideal der Aufklärung massiv infrage gestellt, dem Ereignisbegriff hingegen eine erstaunliche Konjunktur beschert hatten. In dem Maß, in dem die großen Geschichtserzählungen an Überzeugungskraft verlieren, so wird das in der Vorlesung erklärt, tritt die punktuelle Intensität eines als Einbruch erfahrenen Moments an die Stelle von in der Zeit sich realisierenden Sinnzusammenhängen, die immer auch Syntheseleistungen der durch sie sich bewegenden menschlichen Subjekte sind

»Das das Kingdom of God säkularisierende Reich der Vernunft, das Kingdom of Man, war ein erster Ersatz [der christlichen Heilsgeschichte], der […] die noch nicht erreichte, aber erreichbare Vollkommenheit in die Zukunft verlegte. Hier blieb noch so etwas wie Teilhabe an einem für die Gattung insgesamt bedeutungsvollen Weg. Und das gab allen Aktionen, die darauf sich bezogen – wissenschaftliche Forschung, wissenschaftlicher Fortschritt –, einen Sinn, weil daran teilhabend. Das alles wird […] in Frage gestellt, denn das Reich der Vernunft war trotz allem nicht herbeigekommen […] Und nun wird zur gleichen Zeit nach einem neuen Sinnträger gesucht, auf den man sich bei seinen eigenen Wegen berufen konnte, und man gerät dabei in einen Konflikt zwischen einem immer unglaubwürdiger werdenden Fortschreiten und andererseits epiphanischen Intensitätserfahrungen […], die dafür herhalten müssen, nicht weniger sinnvoll zu sein.«

Das lesen wir über die Vorgeschichte von Heideggers Ereignisphilosophie. Und

1 Klaus Heinrich, *Aufklärung in den Religionen*. Frankfurt: Stroemfeld 2007.

2 Klaus Heinrich, *ursprung in actu. Zur Rekultifizierung des Denkens in Martin Heideggers »Beiträge zur Philosophie (Vom Ereignis)«*. Freiburg: ça ira 2023.

heute? Der Konsum als die mittlerweile ausschlaggebende Kategorie, durch die wir mit der Welt der Dinge verknüpft sind, wird als Ereignis gefeiert: Er muss Ereignis sein, um seine Kundinnen und Kunden zu finden. Der Erfolg der Nachrichten, die wir konsumieren, hängt von der Ereignisqualität ab, die sie den historischen Vorgängen zu verleihen vermögen. Ereignis ist überhaupt der fast einzige Modus, durch den ein Abwesendes gegenwärtig und zu einem Teil unserer Realität gemacht werden kann. Ja selbst für die trübe Zukunftsperspektive, die sich angesichts der Folgen des Klimawandels vor uns auftut, gilt, dass sie zur punktuell einschlagenden Katastrophe, also zum Ereignis verdichtet werden muss, um uns zu erreichen: Prinzip zahlloser Weltuntergangsfilme und -serien, aber auch von politischen Bewegungen wie der »Letzten Generation«, die uns gegen den Augenschein als letzte Generation bezeichnen muss, um noch jemanden zu erreichen.

Es gibt also gute Gründe, sich mit Heinrichs Heidegger-Analyse auch noch 2023 zu beschäftigen. Ich war damals selbst als Gasthörer in dieser Vorlesung, und war hin- und hergerissen. Auf der einen Seite hat mir wie den meisten Heinrichs Fähigkeit, druckreif zu improvisieren, sehr imponiert. Seine von vornherein kritische Einstellung zu Heidegger, die auch vor den sprachlichen Zumutungen seiner Diktion den gesunden Menschenverstand nicht preisgab, war sympathisch und leuchtete mir ein. Und dass es an der Freien Universität Berlin ein Religionswissenschaftler und kein Philosoph war, der sich mit uns über diese allerneueste und angepriesene Veröffentlichung aus dem Hause Heidegger auseinandersetzen wollte, kam meiner skeptischen Einstellung gegenüber der akademischen Philosophie, die sich wenig um die Aktualität bekümmerte, entgegen.

Auf der anderen Seite erinnere ich mich, dass sich gegen Mitte des Semesters Enttäuschung breitzumachen begann. Die Vorlesung kam irgendwie nicht vorwärts. Heinrich kreiste in immer wieder neuen Windungen und Wendungen stets um dieselben Zitate und gedanklichen Wendungen. Heute, nachdem ich selbst so einige Vorlesungen gehalten habe, würde ich sagen: Er hatte keine Zeit mehr, sich gründlich vorzubereiten, und drehte das Kaleidoskop mit dem bereits vorliegenden Material immer wieder hin und her. Allenfalls fügte er ihm noch das ein oder andere aus älterer, weiter zurückliegender Lektüre hinzu. Sein Gedächtnis war ja imposant, und reden konnte er ohnehin wie kein Zweiter. (Einer meiner Studenten drückte es später flapsig, aber zutreffend aus: »Er kriegt den Mund halt nicht zu.«) Schiefgehen konnte die Sache also nicht, und es kam immer noch viel mehr dabei heraus als bei den meisten anderen. Ich blieb dieser Durststrecke jedenfalls gelegentlich fern; erst am Ende des Semesters besuchte ich die Vorlesung wieder einigermaßen regelmäßig.

Im Großen und Ganzen hat sich dieser zwiespältige Eindruck nun bei der Lektüre dessen, was ich damals hörte, bestätigt. In einer Situation, in der die Entsubjektivierung des Geistes der dominante Prozess an den Hochschulen ist – er begann in den neunziger Jahren, ist aber durch den Einsatz von Künstlicher Intelligenz auf allen Ebenen der Wissenschaftsproduktion und -rezeption mittlerweile in eine neue Phase eingetreten –, ist es erfrischend, anrührend und fast utopisch zu sehen, wie sich da jemand, Universalgelehrter, der Heinrich war, aber doch mit allen Idiosynkrasien und einer spezifischen historischen Erfahrung seinen Weg bahnt.

Zu dieser Fähigkeit, sich als denkendes und empfindendes Subjekt mit all seinen Erfahrungen, Bedingtheiten und Empfindlichkeiten zum Schauplatz des in mündlicher Rede sich entfaltenden Denkens zu machen, die eigenen Erfahrungen als repräsentativ oder zumindest als repräsentationsfähig zu formulieren, gehört der Verzicht auf jeglichen Wissenschaftsjargon, der den Gegenstand in akademische Neutralität einhüllt. (Das übrigens verbindet Heinrich auf eine merkwürdige Weise mit seinem Widersacher: Was Heideggers universitäre Auftritte ab den 1920er Jahren zu Spektakeln machte, war sein unbürgerliches Auftreten und der Ausbruch aus der Wissenschaftssprache seiner Zeit.)

Doch auch die andere Seite, die ich 1990 allenfalls halbbewusst wahrnahm, die Redundanzen, die merkwürdige Ziellosigkeit des Gedankengangs über drei bis vier Vorlesungen, haben sich beim Wiederlesen bestätigt. In dieser Hinsicht erscheint mir die Auswahl dieser Vorlesung für den ersten Band der »Neuen Folge« der Vorlesungen und zugleich als erste postum erschienene Nachschrift nicht sehr glücklich.[3]

Dass Heinrich in der Mitte der Vorlesung »nicht zu Potte kommt«, liegt allerdings auch an seinem Gegenstand. Heidegger argumentiert in *Vom Ereignis* ebenfalls weniger, als dass er sich im Kreise dreht; es ist im Grunde immer wieder dieselbe Denk- und Offenbarungsfigur, die durchgekaut wird: Der klassische metaphysische Dualismus, also die Unterscheidung zwischen dem, was ist, und dem, was *in Wahrheit* ist (nenne man es nun: Sein, Begriff oder Idee) – Heidegger nimmt diesen Dualismus unter dem Titel der »ontologischen Differenz« wieder auf – genügt in einer Welt, die aus sich, das heißt als erscheinende, keinen Sinnbezug mehr hervorbringt, nicht mehr. Sie muss selbst in einer großen Untergangs-, gleich Erneuerungsfantasie verschlungen werden.

Der Riss, der Spalt, der Schlund, das »Zwischen«, das – in Heinrichs Deutung – kosmisch überhöhte weibliche Genital zwischen »Erscheinung« und »Wesen«, Seiendem und »Seyn«, wird selber hypostasiert. All diese Figuren werden zum »Ursprung in actu«, der ununterbrochen Wirklichkeit in sich zurückholt, neu ge-

3 Ein Gegenmodell ist die Edition der Vorlesung über Karl Friedrich Schinkel und Albert Speer (Klaus Heinrich, *Dahlemer Vorlesungen – Karl Friedrich Schinkel / Albert Speer. Eine architektonische Auseinandersetzung mit dem NS*. Hrsg. v. Nikolaus Kuhnert. Berlin: Arch+ 2015). Der Text ist extrem sorgfältig ediert, von den Hunderten von Bildern bis zu den gegenüber dem mündlichen Vortrag zusammengekürzten Sätzen – mündliche Rede neigt ja nicht nur zu Redundanzen, sondern, anders als man vielleicht erst einmal meint, zu langen Schachtelkonstruktionen, und Heinrich bildete da keine Ausnahme (vgl. Wolfram Ette, *Adorno und Platon*. In: *Zeitschrift für kritische Theorie*, Nr. 38/39, 2014 (wolframettetexte.files.wordpress.com/2018/03/ette-adorno-platon-druckfassung.pdf). Darin weicht diese Ausgabe wohltuend von den anderen »Dahlemer Vorlesungen« ab, die vom Stroemfeld Verlag veröffentlicht wurden und die bei allen Verdiensten, die sich die Herausgeberinnen und Herausgeber damit erworben haben, doch auch ein wenig wie Devotionalien wirken. Und das gilt auch für diese Heidegger-Vorlesung.

biert, in sich zurückholt und so weiter – nicht im Nacheinander sondern im Zugleich einer gewissermaßen absolut gewordenen *natura naturans*.

Das ist es, was bei Heidegger »Ereignis« genannt wird. Die *Beiträge zur Philosophie* skizzieren, kurz gefasst, diesen den europäischen Wirklichkeitsbegriff aufhebenden Vorgang, auf den Heidegger als einen ausstehenden, zwischen Nah- und Fernerwartung (wie sich das für Adventisten gehört) hin- und herschillernden, seinsgeschichtlichen Vorgang hinweist; und, auf der anderen Seite, die Formen und Figuren des Denkens in einer mysterienreligiös hochaufgeladenen Sprache, durch die das Ereignis sich denen, die es zu vernehmen in der Lage sind, schon ankündigt.

Ganz neu ist das nicht, und wenn ich das nun als älter gewordener Mensch lese, finde ich es erstaunlich, dass Heinrich einige ganz naheliegende Assoziationen ausschlägt, die der Stoff aufdrängt, die aber auch seine Auseinandersetzung mit dem Stoff aufdrängt. Das ist einmal Schopenhauers Willensmetaphysik, in der die traditionelle Metaphysik überboten (oder umgekehrt) wird von der Vorstellung eines alles gebärenden und verschlingenden Schoßes – innerhalb der akademischen Philosophie, zu der in diesem Fall auch Heidegger *und* Heinrich zu zählen sind, ist Schopenhauer ja eine der notorisch verleugneten Figuren.

Außerdem fragt man sich, warum Heinrich das »Bündnis«, einer seiner Lieblingsbegriffe,[4] mit zwei Vorläufern in Sachen Heidegger-Kritik und Nationalsozialismus ausschlägt; und zwar so sehr, dass sie nicht mal erwähnt werden. Das ist einmal Adornos Heidegger-Kritik in der *Negativen Dialektik* und in *Jargon der Eigentlichkeit*. An das, was Adorno hier – natürlich ohne Kenntnis der *Beiträge zur Philosophie*; er stützt sich vor allem auf *Sein und Zeit* – die »Ontologisierung des Todes« und die »Hypostasierung des Seins« nennt, wäre problemlos anzuknüpfen gewesen. Und schließlich sind es, vielleicht noch erstaunlicher, Klaus Theweleits *Männerphantasien* von 1977/78, die den Nationalsozialismus auf die ihm innewohnende, verquaste Geschlechterspannung untersuchen. Denn etwas Ähnliches macht Heinrich ja auch, wenn er Heideggers Ereignisphilosophie als regressives Sichüberantworten an einen kosmischen überhöhten Mutterschoß interpretiert.

Theweleit und Heinrich zusammengenommen ließe sich tentativ folgende Figur konstruieren: Die Überbietung des Nationalsozialismus durch die Ereignisphilosophie eines Philosophen, der von der NS-Führung nicht in dem Maß als Chef- und Reichsdenker aufgenommen worden war, wie er es sich erträumt hatte,[5] wäre in Bezug auf das Geschlechterverhältnis so zu fassen, dass die von Theweleit analysierte Verdrängung des anarchisch Mütterlichen in der offiziellen nationalsozialistischen Ideologie – die zugelassenen und

4 Vgl. Klaus Heinrich, *vom bündnis denken. Religionsphilosophie*. Frankfurt: Stroemfeld 2000.

5 Eine spielerische Alternative zu der von Heinrich nachgezeichneten Beziehung zwischen Heidegger und dem »Reich« bietet Alexander Kluges Erzählung *Heidegger auf der Krim* (in: *Chronik der Gefühle*. Bd. 1: Basisgeschichten. Frankfurt: Suhrkamp 2000).

verklärten Mutterfiguren waren ja steril – durch die Heidegger'sche Identifikation mit dem weiblichen Ursprung und die Proklamation der Regression in diesen überboten wurde. Es hätte mich sehr interessiert, ob Heinrich das einleuchtend gefunden hätte.

Noch ein letztes Mal zu dem merkwürdigen In-sich-Kreisen in den mittleren Vorlesungen. Es mag äußere Gründe haben wie zum Beispiel mangelnde Vorbereitungszeit. Aber vielleicht ist es auch kein Zufall, dass der bis zur vorletzten Vorlesung wieder und wieder angekündigte, letztlich aber nie ausdrücklich vorgestellte geschweige denn diskutierte Gegenstand die »Fuge« ist: Heideggers Ersatzbegriff für den des Systems.

Doch nicht nur das: Der Begriff der Fuge führt eine Menge Assoziationen mit sich: Die Wandfuge gehört ebenso dazu wie die der Verfügung über etwas, aber auch des Sich-Verfügens; die musikalische Fuge wie der »Fug« aus »Fug und Recht« stecken auch da drin. Aber erst einmal ist es ein *Spalt*, und zwar der Spalt, durch den man den unablässig brodelnden »Ursprung in actu« erblickt – den Ursprung als Ereignis, in dem alle Unterschiede aufgehoben werden, weil er es ist, der sie allererst setzt und als bleibende Macht auch in sich zurücknehmen kann. Die Fuge ist der letzte Schritt, die letzte noch mögliche und statthafte Form vor dem, um das es eigentlich geht: das, worin alle Formen entstehen und zunichte werden, das Lebenschaos als Anfang und Ende von allem.

Heidegger proklamiert die Regression in diesen Ursprung. Und Heinrich scheint sich davor zu fürchten, das mitzumachen. Denn wie immer man es dreht: Auf diesen Text mit all seinen Idiosynkrasien und seinem anziehend-abstoßenden Initiationsvokabular sich einzulassen, heißt, diese Regressionsbewegung auch mitzumachen – jedenfalls zum Teil.

Hier steckt ein wirkliches Problem. Heinrichs Verhältnis zum weiblichen Ursprung, das heißt zum Gebären in all seinen Ableitungsformen, ist mir immer ganz undeutlich geblieben. Er war ein Kritiker der patriarchalen Überwältigung und Domestizierung der muttergöttlichen Macht und ihrer Instanzen – war es schon einige Zeit, bevor es zum akademischen Commonsense wurde. Auf der anderen Seite ist immer wieder große Skepsis gegenüber den Muttergöttinnen und den in ihrem Zeichen stehenden vorgeschichtlichen Epochen herauszuhören. Harte, gnadenlose Zeiten scheinen das gewesen zu sein, in denen das einzelne Leben wenig zählte. Mutter und Frau sein ist ja keine ethische Qualität. Ob das aber wiederum auch nur das Ergebnis einer männlichen Projektion ist?

Diese Dinge bleiben offen, und sie müssen vielleicht auch offen bleiben, weil sie eindeutig gar nicht zu klären sind. Aber sie könnten es sein, die das an keiner Stelle thematisierte, an keiner Stelle reflektierte Zögern vor der »Fuge«, dieses Ausweichen in biografische Erinnerungen dirigieren, die doch vielleicht den Status von Deckerinnerungen haben. Doch auch das hat seine Art von Größe. Es zeigt jedenfalls, dass sich hier ein endliches, wirkliches und empfindendes Subjekt durch Stoffmassen arbeitet, in denen ein aktuelles mit einem ganz großen gattungsgeschichtlichen Interesse sich verbindet und verbündet.

Noch einmal an den Anfang zurück gefragt: Was können wir mit diesem Buch heute anfangen? Vielleicht, dass es doch sehr misstrauisch stimmt gegenüber der Konjunktur des Ereignisbegriffs. Das heißt konkret und auf die ökologische Situation bezogen: bitte kein Katastrophendenken, keine Faszination an der Apokalypse, kein Zurückkriechen in den Ursprung und kein Adventismus eines »anderen Anfangs«, wie Heidegger ihn predigt und wie er in zahlreichen postapokalyptischen Serien und Computerspielen durchgespielt wird.

Heinrich hätte vermutlich darauf beharrt, dass uns auch die schlechtesten Überlebensaussichten der Gattung – es gehe heute, so hat er es in einem späten Interview einmal gesagt, nicht mehr darum, eine Universitätsutopie zu formulieren, sondern darum, wie wir uns retten können – nicht von den Mühen der Ebene dispensieren, das heißt von der Arbeit an und in der Erscheinung; nicht dispensieren von Konflikten, Querelen, aber auch Bündnissen, in denen wir als endliche Wesen alle möglichen Spannungen mühsam aushalten, das Beste herauszuholen versuchen und dabei die Humanität möglichst nicht zu verraten. Es ist die unbedingte Parteinahme für die Empirie: das Endliche, das Einzelne, das Seiende, in dem ein Sein sich verkörpert, das ohne solche Verkörperungen nicht wäre. Es ist die Skepsis gegenüber jedem ontologisch-metaphysisch-seinsgeschichtlichen, möglicherweise auch politischen Fundamentalismus. Es ist höchstes Misstrauen gegenüber jeder Form von Ursprungsphilosophie als Entdifferenzierung, Aufhebung des Individuellen.

Es ist leidenschaftliche und idiosynkratische Kritik am Opfer und seinen zahllosen Maskeraden, in denen jene Aufhebung in ein vorgeblich höheres Sein zelebriert wird. Es ist also tatsächlich Aufklärung der Arbeitsauftrag, den wir aus dieser und den anderen Vorlesungen Heinrichs in eine Epoche mitnehmen, die schwieriger zu werden verspricht als die der Nachkriegsbundesrepublik, auf die die Heidegger-Vorlesung von 1990 ein letztes, spätes Licht wirft.

Meer und Land

Von Jens Soentgen

Was ist die typische Umgebung der Menschen und welche Form hat sie? Man könnte, mit Blick auf die letzten Arbeiten von Bruno Latour sagen, dass Menschen »earthbound« sind.[1] Dem hat sich jüngst Peter Sloterdijk angeschlossen: »Das seit 1927 philosophisch so bezeichnete In-der-Welt-Sein ist entweder eine hohle Formel, oder es bedeutet: Auf-Gaia-Sein und Dasein in der sensiblen Zone.«[2] Mir scheint eher das Latour-Sloterdijk'sche Auf-Gaia-Sein eine hohle Formel zu sein. Denn was soll »Auf-Gaia-Sein« bedeuten? Es wäre wenig erhellend, zu sagen, dass die Menschen auf der Erde oder »auf Gaia« leben, und nicht in einer Raumstation oder auf dem Mars.

Aufschlussreicher und wohl auch näher an Latours Intuition ist es, von der scheinbar trivialen Aussage auszugehen, dass wir Landlebewesen sind. Wir leben (auf der Erde) an Land, und zwar so, dass wir zwar immer wieder ins oder zumindest ans Wasser zurückkehren, dass wir Wasser ständig in uns aufnehmen müssen, aber nicht dauerhaft im Wasser leben können. Die Umgebung Land ist allen Menschen eigentümlich, und zwar Land immer im Unterschied und in der Beziehung zum Wasser. Menschsein, das bedeutet nicht abstrakt Auf-Gaia-Sein, sondern viel genauer: An-Land-Sein. Und um dessen spezifische Strukturen zu erfassen, die unser tägliches Leben bis in seine tiefsten Grundlagen prägen, muss man eine amphibische Perspektive entwickeln, das In-der-Welt-Sein mithilfe der Unterscheidung des Im-Wasser-Seins vom An-Land-Sein neu verstehen. Die Differenz von Meer und Land ermöglicht weite Blicke.

Aus dem Wasser stammen alle Landlebewesen, ursprünglich auch der Mensch. Weil wir zu den Wesen gehören, die nicht (mehr) das Wasser bewohnen, können wir es auf eine Weise kennen, die den eigentlichen Wassereinwohnern verschlossen ist. Und umgekehrt: Weil wir das Wasser zwar nicht bewohnen, aber doch ständig mit ihm beschäftigt sind, können wir uns auch klarmachen, wie maßgeblich unser An-Land-Sein unser Dasein und auch unser Denken bestimmt. Dabei reicht es nicht aus, sich nur mit einzelnen statischen Faktoren wie etwa der Schwerkraft oder dem höheren Sauerstoffgehalt der Atmosphäre zu befassen. Wichtig ist die unterschiedliche Zeitstruktur und die andere Räumlichkeit von Wasser und Land. Wie aber kann man die beiden Umgebun-

1 Bruno Latour, *Facing Gaia. Eight Lectures on the New Climatic Regime*. Cambridge: Polity Press 2015. Latour bezieht sich mit seinem Begriff wesentlich auf Carl Schmitt, übergeht aber die für Schmitts Spätwerk zentrale Unterscheidung von Land und Meer.

2 Peter Sloterdijk, *Die Reue des Prometheus. Von der Gabe des Feuers zur globalen Brandstiftung*. Berlin: Suhrkamp 2023. Sloterdijk bezieht sich auf Heideggers Begriff des In-der-Welt-Seins, der in *Sein und Zeit* 1927 eingeführt wurde.

gen in dieser Hinsicht angemessen kennzeichnen?

Die erste systematische Antwort darauf wurde schon vor über einhundertdreißig Jahren formuliert, ist aber heute noch so aktuell wie damals. Wir verdanken sie dem seinerzeit angesehenen, mittlerweile aber nur noch Spezialisten geläufigen Leipziger Zoologen Heinrich Simroth. In seinem umfangreichen Werk *Die Entstehung der Landtiere*, erschienen 1891, verband Simroth eine ökologische mit einer evolutionstheoretischen Perspektive. Den grundlegenden Unterschied von Wasser und Land für das Leben fasste er in einen einfachen Satz: »Das Land ist das Reich der Gegensätze, das Wasser das Reich des Gleichmaßes.«[3]

Mit Gleichmaß klingt etwas von Harmonie an, zugleich erinnert die Formel an Hegels bedeutende Elementenlehre; doch ein Einfluss Hegels auf Simroth ist wenig wahrscheinlich. Mit »Reichen« meint Simroth sowohl räumliche Bereiche als auch das, was man heute Regime nennt, unterschiedliche ökologische Ordnungen und Dynamiken. Mit »Wasser« ist in allererster Linie das wirklich offene Wasser gemeint, die Ozeane, was auch plausibel ist, da diese ja mit Abstand die größte Wassermasse auf Erden bilden. Dass in der Brandungszone, wo das Meer an das Land stößt, von dem von ihm hervorgehobenen Gleichmaß nicht die Rede sein kann, ebenso, wie auch seine Oberfläche, die an die Luft grenzt, durch Winde aufgewühlt sein kann, versteht sich von selbst.

3 Heinrich Simroth, *Die Entstehung der Landtiere. Ein Biologischer Versuch*. Leipzig: Verlag von Wilhelm Engelmann 1891.

Auch die sehr unterschiedlichen Binnengewässer widersprechen Simroths Ansatz nicht, denn man kann sie konstruieren als Zwischenglieder zwischen dem Reich der Gegensätze und dem Reich des Gleichmaßes. An Quellen, Bächen, Flüssen, Teichen und Seen kann man durchaus viele Gegensätze feststellen, was aber nicht weiter verwundern kann, da sie eben selbst schon, so nass sie auch sind, landartige Züge annehmen. Sie sind viel stärker vom Land bestimmt als der offene Ozean.

Sieben Zehntel der Erdoberfläche aber sind vom Meer bedeckt, das zudem noch sehr tief ist, im Durchschnitt sind die Ozeane vier Kilometer tief. Das Land dagegen ragt im Durchschnitt nur 840 Meter über den Meeresspiegel hinaus. Und für das offene Meerwasser gilt in der Tat, was Simroth feststellt. Das Wasser umhüllt die in ihm lebenden Wesen und trägt sie. Es ernährt sie auch, denn für einen im Meer treibenden Einzeller trägt das Meerwasser die Nährstoffe heran und transportiert die Schadstoffe ab. Für die Körperzellen eines Landlebewesens übernimmt das Blut diese Aufgabe.

Das Wasser nährt und trägt nicht nur, es schützt auch. Das gilt schon mechanisch, denn Wasser absorbiert Stöße und wandelt sie in Wellen um, die sich irgendwann verlieren. Es gilt zugleich für die Nährstoffe, denn das Wasser verteilt sie als hocheffizientes Lösungsmittel überall gleichmäßig. Licht und Wärme werden ebenfalls gleich verteilt. Gewiss steigt der Druck in der Tiefe sehr schnell, gewiss sind die Tiefen kälter und werden rasch dunkel, vom Tageslicht, das auf die Wasseroberfläche trifft, bleibt nach zehn bis dreißig Metern nur noch ein Prozent übrig. Doch auch die tieferen Zonen sind nicht abrupt von den höheren getrennt; die Zonen gleiten allmählich ineinander über. Simroth schreibt: »Im Wasser gleiche Dichte, gleicher Bewegungswiderstand, diffuses Licht, nach der Tiefe gleichmäßige Abnahme, geringe Wärmeunterschiede, verhältnismäßig wenig Bewegung, außer an der Oberfläche und in der Gezeitenzone.«[4]

Ein Meerestier kann nach Norden, Süden, Osten oder Westen reisen, über sehr lange Strecken bleibt sich das Wasser gleich, es hat überall mehr oder weniger denselben Mineral- und Salzgehalt, dieselbe Temperatur und auch eine ähnliche Farbe.[5] Das erstaunliche Gleichmaß der chemischen Zusammensetzung des Meerwassers wird in allen meereskundlichen Werken hervorgehoben.[6] Nur der Sauerstoffgehalt ist in Oberflächennähe deutlich höher als in der Tiefe, doch auch hier geschehen die Übergänge allmählich. Der offene Ozean ist also eine sehr homogene Umgebung. Er präsentiert sich den darin lebenden Geschöpfen als wogende Weite. Und diese wogende Weite bestand schon immer: Seitdem das Wasser im Ur-Regen auf der erkaltenden Erde niederging, bildet das Meer eine zusammenhängende Einheit. Diese Einheit ist durch keine Katastrophen je zerrissen worden. Die Kontinuität gilt also nicht nur materiell und räumlich, sondern auch zeitlich.

Die Variabilität des An-Land-Seins

Die Bedeutung dieser Tatsache wird deutlich, wenn man dieses Gleichmaß im Ozean mit der Situation an Land vergleicht. Nicht nur entfällt hier der Auftrieb, die Landlebewesen tragen von vornherein ihren Leib wie eine Last. Sie sind ständig vom Austrocknen bedroht. Sie unterliegen einem viel größeren Stress durch die Strahlung der Sonne. Vor allem aber fehlt die verlässliche Gleichmäßigkeit. Alles kann sich in kürzester Zeit ändern.

Und hier lohnt es sich, Simroth ausführlicher zu Wort kommen zu lassen. In *Die Entstehung der Landtiere* schreibt er: »Die leichte Beweglichkeit der Luft mit ihren Stürmen, ihre stets wechselnde und nach oben abnehmende Dichte. Der Gegensatz zwischen Feuchtigkeit und Trocknis, Bewölkung, Regen und Sonnenschein, die Wirkung der Sonnenstrahlen im Sommer und Winter, Tag und Nacht, die Verschiedenheit der Beleuchtung, die Contraste von Wärme und Kälte nach Tiefen und Höhen, nach geographischer Breite, nach den Jahreszeiten. Der Wechsel des Geländes, die Unterschiede des Untergrundes [...] Endlich aber, durch jene bedingt, in ihrer Einzelwirkung noch wichtiger als sie, und stetig gesteigert, die Fülle

4 Heinrich Simroth, *Abriß der Biologie der Tiere. Bd. II. Beziehungen der Tiere zur organischen Natur*. Berlin/Leipzig: Göschen'sche Verlagshandlung 1913; Vgl. John H. Steele, *A comparison of terrestrial and marine ecological systems*. In: *Nature* vom 31. Januar 1985; zuletzt John H. Steele u.a., *Comparison of marine and terrestrial ecosystems: suggestions of an evolutionary perspective influenced by environmental variation*. In: *ICES Journal of Marine Science*, Nr. 76/1, Januar-Februar 2019 (academic.oup.com/icesjms/article/76/1/50/5161207).

5 Hal Whitehead/Luke Rendell, *The Cultural Lives of Whales and Dolphins*. University of Chicago Press 2014.

6 Vgl. die ausführliche Darstellung in dem Klassiker von H. U. Sverdrup/Martin W. Johnson/Richard H. Fleming, *The Oceans. Their Physics, Chemistry, and General Biology*. Hoboken: Prentice Hall 1942.

neuer Gestalten von Lebewesen, die in fortlaufender Wechselwirkung einander beeinflussen.«

Für uns Landbewohner sind die Wechsel selbstverständlich, wir sind daran gewöhnt, kennen es nicht anders. Die Fortbewegung an Land ist kein ruhiges Gleiten, sondern ein ständiges Auf und Ab, es geht »über Stock und Stein«. Im Meer gibt es eine einzige wogende Weite, die keine starren Grenzen kennt, an Land hingegen gibt es auch feste, stabile Strukturen. Der Raum an Land ermöglicht im Gegensatz zum offenen Meer Abgrenzungen; die einerseits Schutz bieten, andererseits aber die Auseinandersetzungen unter Artgenossen verschärfen. Über eine Wasserwelle kann man nicht streiten, über ein Stück Land schon. Territorien und Wohnungen lassen sich nur an Land und in flachen, landnahen Gewässern abgrenzen, markieren und verteidigen, nicht im offenen Meer, denn das Meer verschlingt alle Markierungen und löst sie auf. Sicher ist das Dasein der Meerestiere auch nicht paradiesisch, doch Kämpfe um Territorien bleiben ihnen erspart.[7]

Und auch sonst so einiges, denn das Meer trägt sie, hüllt sie ein, an Land dagegen ist man ausgesetzt, geworfen, das Wetter erweist sich oft als feindliche Macht, die bedrohlicher ist als die schlimmsten Raubtiere: An Land kann es schneien, frieren, hageln, nieseln, stürmen, blitzen; es kann monatelang eisig oder auch heiß und trocken sein. Die Zeit an Land ist sozusagen scharf. Von Stunde zu Stunde kann sich die gesamte Struktur der Umgebung radikal ändern; das nennen wir Wetter. Und die Form des Wetters ist das Klima, doch nicht einmal das ist stabil.

Nichts auch nur entfernt Ähnliches existiert unter Wasser. Daher ist der Begriff des Wetters auch nur für das Land definiert.[8] In der offenen See gibt es sicherlich Veränderung, und Meeresforscher werden darauf hinweisen, dass es auch im Meer komplizierte Strömungsmuster gibt, die Temperaturunterschiede ausgleichen, ähnlich den Winden an Land. Doch alle diese Phänomene haben bei weitem nicht die Schwingungsweite, die das Wetter und das Klima an Land aufweisen.

Und ein dritter Punkt, der das »Reich der Gegensätze« charakterisiert: Allgemein sind die Extreme an Land weitaus ausgeprägter als im Wasser. Es gibt Dürren, es gibt Brände, Blitz und Feuer, andererseits nicht endende Regenfälle, Frost und lange Winter. Im Alltag sind wir an diese Ausschläge gewöhnt, wir sehen uns vor, schützen uns durch passende Kleidung oder bleiben eben in unserem gebauten und temperierten Territorium, zuhause.

7 Vgl. die an der Rechtsgeschichte orientierte Argumentation von Carl Schmitt in *Der Nomos der Erde im Völkerrecht des Jus Publicum Europaeum*. Köln: Greven Verlag 1950. Merkwürdigerweise hat Gunter Scholtz diese Veröffentlichung in seiner *Philosophie des Meeres* (Hamburg: mareverlag 2016) nicht beachtet, sondern sich nur auf die wenig überzeugenden geschichtsphilosophischen und Landnahmen legitimierenden Gedanken Schmitts in dessen in der NS-Zeit verfasstem Büchlein *Land und Meer* (1942) konzentriert.

8 »Anders als das Medium Wasser ist das Medium Atmosphäre bestimmten Veränderungen unterworfen, die wir Wetter nennen.« James J. Gibson, *Wahrnehmung und Umwelt. Der ökologische Ansatz in der visuellen Wahrnehmung.* Übersetzt von Gerhard Lücke u. Ivo Kohler. München: Urban & Schwarzenberg 1982.

Betrachtet man diese Zusammenhänge, dann kann man nur schlussfolgern, dass die Wasserlebewesen in einer bedeutend freundlicheren, jedenfalls ausgeglicheneren Umgebung leben. Zurecht weist daher schon Simroth darauf hin, dass für die Evolution, wenn Darwins Theorie richtig ist, das Land weitaus anregender ist als das Meer. Denn bei Darwin ist ja tatsächlich die Anpassung an äußere Gegebenheiten der eigentliche Motor des Entwicklungsgeschehens. Und während diese äußeren Gegebenheiten im offenen Meer mehr oder weniger gleich sind, finden wir an Land eine unendliche Fülle unterschiedlichster »äußerer Gegebenheiten«. Das Land ist geradezu die »äußere Gegebenheit« schlechthin, das Gegenstehende als solches, während das Wasser ein vom Leib kaum trennbares Medium ist.

Und auch aus evolutionsbiologischer Perspektive ist es nicht erstaunlich, dass sich die sogenannten höheren Lebewesen an Land entwickelt haben – man vergleiche nur Säugetiere, insbesondere Meeressäugetiere, mit Fischen oder einen Baum mit einer beliebigen Meeresalge –, sondern dass wir an Land eine größere Vielfalt finden als im Meer. Die Biodiversität an Land ist um ein Mehrfaches größer als die im Meer.[9] Von geschätzten 1,5 Millionen makroskopischen Arten leben nur 15 Prozent im Meer, dagegen 80 Prozent an Land und weitere fünf Prozent in den Binnengewässern. Auch das Gesamtgewicht aller Lebewesen an Land übertrifft das Gesamtgewicht der Meereslebewesen bei weitem. Evolutionsbiologisch ist das Land tatsächlich eine viel anregendere Umgebung als das Meer.

9 Michael J. Benton, *Biodiversity on land and in the sea*. In: *Geological Journal*, Nr. 36/3 vom 4. Juli 2001.

Sorge und Fürsorge an Land

Der Unterschied zwischen Land und Wasser prägt sich nicht nur in der Verteilung der Biomasse und der Biodiversität aus. Er spiegelt sich auch in einer Vielzahl anatomischer und physiologischer Anpassungen, wie etwa in der Evolution des schon von Simroth hervorgehobenen, sogenannten Amnioten-Eis, einer effizienten Überlebenskapsel, mit der viele Landtiere ihren Nachwuchs gegen die Unbilden der Witterung und die Stöße des Landlebens sichern. Das Amnioten-Ei der Biologen ist in unserem Alltag heruntergekommen zum jederzeit konsumierbaren Frühstücksei, es handelt sich aber um ein erstaunliches, hochkomplexes Gebilde, das den Vorfahren der heutigen Vögel, den Sauriern, die Besiedlung wasserferner Gebiete ermöglichte.

Der Unterschied zwischen Wasser und Land wird schließlich auch im ganz unterschiedlichen Verhalten der Land- und Meerestiere deutlich. Tiere fügen sich sorgend und vorsorgend in den Wandel an Land zum Beispiel durch Wanderungsverhalten, durch das Anlegen von Wintervorräten, durch Hunger- oder Winterschlaf. Diese Verhaltensanpassungen sind in der modernen Biologie mehrfach herausgearbeitet worden, erst kürzlich von einer Gruppe von Meeresforschern um John Steele. Sie weisen in ihrem Beitrag darauf hin, dass an Land nicht nur mehr Vorsorge getrieben wird als im Meer, sondern auch mehr Fürsorge. Denn viele Lebewesen an Land, insbesondere auch der Mensch, kümmern sich intensiv um ihre

Nachkommen, während es im Meer viel üblicher ist, die simpel konstruierten und schalenlosen Eier einfach den Meeresströmungen zu überlassen, was für eine Menge Gottvertrauen oder genauer Meervertrauen spricht.

Tatsächlich kümmern sich von den marinen Fischarten nur die wenigsten auch nur in rudimentärer Form um ihre Nachkommen. Es werden zum Beispiel keine besonderen Zonen aus- und aufgesucht, um die Eier abzulegen. Warum auch – die Umgebung ist im offenen Meer überall gleich. Daher können sich die Fische darauf verlassen, dass ihre Nachkommen, wohin die Strömung sie auch tragen mag, überall dieselben Bedingungen vorfinden werden.[10]

An Land aber ist alles ungleich, uneben und ungerade. Anstatt einer wogenden Weite gibt es tiefe Täler und hohe Berge, Kanten, Risse und Spalten aller Art, Reviere und Territorien auf allen Maßstabsebenen. Lebensfreundliche und lebensfeindliche Bereiche können direkt nebeneinander liegen. Und zusätzlich gibt es immer wieder Wechsel, vor Trockenheit muss man sich ebenso in Acht nehmen wie vor Überflutung, vor Hitze ebenso wie vor Kälte.

Und daher müssen sich die Landlebewesen tatsächlich viel mehr kümmern, viel mehr sorgen, nicht nur um sich selbst, sondern gerade auch um ihre Nachkommen, die durch solche Wechsel gefährdet sind. Und damit könnte durchaus zusammenhängen, dass es vor allem Landlebewesen sind, die Brutpflege betreiben und sich gegen eine unwirtliche Umgebung durch die Konstruktion selbstgemachter, mehr oder weniger stabiler Umwelten schützen, durch Nester und Baue und Bauten, durch alle Arten von Innenräumen, die gegen das wechselhafte Draußen schützen und in denen die Nachkommen zur Welt kommen und aufgezogen werden.

Die Grundstruktur des In-der-Welt-Seins sei die Sorge, heißt es bei Martin Heidegger.[11] Das gilt aber nicht allein für den Menschen. Vorsorge und Fürsorge sind vielmehr für viele Landtiere typisch. Sei es, dass für die Eiablage bestimmte Orte ausgesucht werden, sei es, dass Nester oder Höhlen gebaut werden, sei es, dass die Lebewesen sich selbst zur Umwelt für ihre Nachkommen machen, indem sie diese in einer Gebärmutter heranwachsen lassen und auch anschließend versorgen. Vögel sind geradezu zum Symbol für die aufopfernde Pflege von Jungtieren geworden.

Bei den Säugetieren wiederum zeigt schon der Name an, dass sie nicht nur ihren Nachwuchs mit Nahrung versorgen, sondern ihm gewissermaßen den eigenen Leib als Speise anbieten. Diese Tierfamilie weist derzeit auf dem Planeten die mit Abstand zahlreichsten Individuen auf, darunter derzeit vor allem die Menschen und ihre Nutztiere.[12] Hätten sich die Landlebe-

10 Jeffrey R. Baylis, *The evolution of parental care in fishes, with reference to Darwin's rule of male sexual selection*. In: *Environmental Biology of Fishes*, Nr. 6, 1981.

11 Martin Heidegger, *Sein und Zeit. Erste Hälfte*. Halle: Max Niemeyer 1927. Zur Auseinandersetzung Heideggers mir der Ökologie Uexkülls vgl. Brett Buchanan, *Onto-Ethologies. The Animal Environments of Uexkull, Heidegger, Merleau-Ponty, and Deleuze*. Albany: SUNY Press 2008.

12 Yinon M. Bar-On / Rob Phillips / Ron Milo, *The biomass distribution on Earth*. In: *PNAS*, Nr. 115/25, Mai 2018.

wesen, als die Besiedelung des Landes begann, so sorglos verhalten, wie es im Meer üblich und auch möglich ist, es wäre nie zur Besiedelung des Landes gekommen, weil die ausgesetzte Nachkommenschaft vertrocknet und umgekommen wäre. Das Land ist eine deutlich weniger fürsorgliche Mutter als das Wasser.

Im Meer verlassen sich die meisten Tiere darauf, dass das Wasser selbst die Fürsorge übernimmt und zum Beispiel die Eier in Richtungen transportiert, in denen dann auch Nahrung für die schlüpfenden Larven vorhanden sein wird. Das Meer ist das universelle Fruchtwasser. Wenn diese Überlegungen überzeugen, dann kann man den Begriff des In-der-Welt-Seins und mit ihm die Daseinsanalyse Heideggers in einen breiteren Kontext stellen, ohne sie naturalistisch zu vereinnahmen. Für alle Lebewesen ist es unerlässlich, sich selbst voraus zu sein. An Land aber ist die Sorge und Fürsorge aufgrund der viel variableren Existenzbedingungen weitaus wichtiger als im offenen Meer.

Die Menschen unterscheiden sich auch darin von den nichtmenschlichen Landtieren, dass sie diese Sorge immer weiter treiben. Menschen bauen nicht nur provisorische Nester und leben in Höhlen, um sich vor den Unbilden der Witterung zu schützen, sie leben gemeinsam in selbstgeschaffenen, abgegrenzten Territorien, in Dörfern und Städten; und sie ergänzen dies durch den Anbau eigener Biotope, die ihnen Nahrungsmittel liefern.

Vor allem aber ist ihnen das Feuer das zentrale Instrument, um die Variabilität ihrer Umgebung lokal zu stabilisieren. Mit dem Feuer schaffen sich die Menschen künstliche Umgebungen, halten sich die Kälte vom Leib und vertreiben die Dunkelheit. Feuer macht hell, Feuer hält warm; Feuer klimatisiert. Das Feuer ist ein Transformationsmedium, das nicht nur die Umgebungstemperatur erträglich macht und in der Dunkelheit Licht spendet, also widrige Umgebungsbedingungen lokal aufhebt; es können mit ihm auch alle sonstigen Existenzbedingungen lokal transformiert werden.

Steigerung der Variabilität im Klimawandel

Auf die Geschichte und Zukunft des Feuergebrauchs soll hier nicht erneut eingegangen werden.[13] Hier will ich nur auf das Paradox hinweisen, dass die erfolgreiche Bemühung, zumindest lokal die Variabilität der Umgebung an Land auszugleichen, dazu führt, dass diese Variabilität global gesteigert wird.

Denn wir leben heute nicht nur in einem durch exzessiven Feuergebrauch ausgelösten globalen Klimawandel, wir durchschreiten gerade in Echtzeit die Kipppunkte. Und trotz aller Naturferne moderner Städter merken viele Menschen, dass die Welt ins Wanken gerät. Für ein wirksames Gegensteuern ist es inzwischen vermutlich zu spät,[14] was keineswegs heißen soll, dass nicht alle Maßnahmen hin zu einem ökologischeren Lebensstil unbedingt zu unterstützen sind. Bei nüchterner Betrachtung führt aber nichts an der

13 Jens Soentgen, *Abschied vom Feuer?* In: *Merkur*, Nr. 887, April 2023; ders., *Pakt mit dem Feuer. Philosophie eines weltverändernden Bundes*. Berlin: Matthes & Seitz 2021.

14 Jens Soentgen, *Am Ende des Zwei-Grad-Ziels. Für ein neues Denken im Klimadiskurs*. In: *Merkur*, Nr. 849, Februar 2020.

Feststellung vorbei, dass die globalen CO_2-Emissionen bislang trotz jahrzehntelanger Klimapolitik stetig gestiegen sind. Es gibt keinerlei Anzeichen dafür, dass sich daran in den kommenden ein bis zwei Dekaden irgendetwas ändern würde. Die einzige realistische Hoffnung besteht darin, dass die Emissionen sich, auf hohem Niveau, stabilisieren werden, dass sich, mathematisch gesagt, die zweite Ableitung der Keeling-Kurve in den nächsten zwei Jahrzehnten ändert. Das aber ist für ein Aufhalten des Klimawandels viel zu wenig. Es ist damit zu rechnen, dass sich der Klimawandel weiter entfalten wird.

Durch ihn verschärft sich die Variabilität des Landlebens, mit drastischen Konsequenzen für alle Lebewesen an Land. Nur ein Teil von ihnen wird sich an diesen potenzierten Wechsel anpassen können oder neue Biotope finden. Und auch auf die Menschen kommen enorme Herausforderungen zu. Sorge und Vorsorge müssen in ungeahnter Weise intensiviert werden; die Daseinsanalyse Heideggers bekommt in dieser Situation eine neue Aktualität.

Die Sorge, der thematische Mittelpunkt von *Sein und Zeit*, ist erneut der Begriff der Stunde. Man sieht das an den zirkulierenden Begriffen, schon das *Prinzip Verantwortung* des Heidegger-Schülers Hans Jonas, der bereits 1979 vor dem Klimawandel warnte, ist im Grunde ein Prinzip Vorsorge; und erst recht sind Nachhaltigkeit, Klimaresilienz, Hochwasserschutz oder Waldbrandmanagement allesamt Sorgebegriffe. Gesteigerte Sorge antwortet auf die steigende Variabilität des Landlebens. Oft schlägt bereits Sorge in Verzweiflung oder Resignation um. Dystopien malen das Bild einer völlig unbewohnbaren, ausgebrannten Erde.

Doch es gibt auf Erden noch einen anderen Akteur jenseits der Menschenwelt, und das ist das Meer selbst, die Heimat des Lebens. Das Reich des Gleichmaßes liegt nicht beziehungslos neben dem Reich der Gegensätze. Meer und Land sind dynamisch verbunden. Die ausgleichende Macht des Wassers wirkt auf die gesamte Biosphäre, nicht nur auf die Meereslebewesen; und diese ausgleichende Macht prägt das Erdsystem wesentlich.

Man weiß, wie stark größere Wasserkörper das Klima mildern; in Deutschland beginnt zum Beispiel erst ab Berlin der kontinentale Einfluss sich geltend zu machen; das heißt, dass die Temperaturunterschiede zwischen Sommer und Winter hier deutlich größer sind als in Westeuropa, dessen Klima vom Atlantik und vom Mittelmeer gemildert wird.

Selbst mittelgroße Seen temperieren ihre Umgebung, sie wärmen im Winter und kühlen im Sommer. Ozeane mildern auch das globale Klima. Sie nehmen nicht nur einen großen Teil des emittierten Kohlendioxids auf, sie absorbieren auch einen erheblichen Teil der Wärme und bremsen damit die Geschwindigkeit des globalen Temperaturanstiegs. Dieser Effekt ist so bedeutend, dass in den ersten Klimamodellen die Ozeane als eine konstante Randbedingung des Klimas angesetzt wurden. Heute erfasst der Klimawandel auch die Ozeane, und die neuen Modelle bilden das auch ab.

Längst erfasst die High-Fire-World der modernen Industriegesellschaft auch die Meere, deren Oberfläche sich erwärmt und die sich überall mit Derivaten industrieller Verbrennungsprozesse anreichern, in erster Linie mit Plastik und Kohlendioxid. Und dennoch: Weil die Ozeane sehr groß und sehr tief sind, eine Tatsache, auf deren zentrale biologische Bedeutung schon Alfred Russel Wallace hinwies,[15] bremsen sie weiterhin das Tempo der Erwärmung an Land.

Ohne die tiefen Meere wäre es bereits viel heißer. Schon wenn die Ozeane nur halb so tief wären, wie sie sind, würde sich der Klimawandel wohl weitaus kraftvoller entfalten. Die Meere, nicht so sehr die Menschen, berechtigen zu der Hoffnung, dass die Erde auch weiterhin ein bewohnbarer Ort sein wird. Zwar wird sich das Leben an Land und auch das Leben in den Gewässern durch den Klimawandel und die menschgemachte Umweltzerstörung weiter drastisch wandeln. Aber nie so weit, dass förmlich alles verbrennt. Dies mag für die Menschen ein schwacher Trost sein. Mit Blick auf das Ganze des Lebens ist es aber nicht unwesentlich.

15 Alfred Russel Wallace, *Des Menschen Stellung im Weltall. Eine Studie über die Ergebnisse wissenschaftlicher Forschung in der Frage nach der Einzahl oder Mehrzahl der Welten*. Berlin: Vita o. J. (ca. 1910).

Zunehmende Trübung – Sterbelehre am Stechlin

Von Björn Kröger

In der weiten, von der Eiszeit geprägten Landschaft im Norden Deutschlands gibt es Tausende von kleinen und großen Wasserflecken. Einer von ihnen ist der Große Stechlinsee. Er liegt ganz im Norden des Landes Brandenburg, unweit von Berlin, mitten in einem Naturschutzgebiet, mitten im Wald.

Der Stechlin ist weithin bekannt, weil er so malerisch gelegen ist, weil er so tief ist und weil sein Wasser so klar ist. Theodor Fontane hat ihn ins Zentrum eines seiner berühmtesten Romane gestellt: »Zwischen flachen, nur an einer einzigen Stelle steil und quaiartig ansteigenden Ufern liegt er da […] kein Vogel singt, und nur selten, daß ein Habicht drüber hinfliegt und seinen Schatten auf die Spiegelfläche wirft. Alles still hier.«[1]

Still ist es in der Abgeschiedenheit der Brandenburgischen Wälder die meiste Zeit des Jahres noch heute. Doch der See ist nicht mehr, was er zu Fontanes Zeiten einmal war. Er ist einer der vielen Seen, die sich in den letzten Jahrzehnten dramatisch verwandelt haben. Die Welt wird wärmer. In Brandenburg trüben sich die Seen, ihre Wasserspiegel sinken und ihre Artenwelt verarmt.

Ich wuchs an diesem See auf. Heute kehre ich nur alle paar Jahre für kurze Stippvisiten zurück. Dabei bemerkte ich lange Zeit nicht, was mit dem See passierte. Vor ein paar Jahren sah ich zum ersten Mal eine gewisse Trübung. Später musste ich lernen, dass am Stechlin schon seit mehr

1 Theodor Fontane, *Der Stechlin* [1898]. Stuttgart: Reclam 1986.

als einem Jahrzehnt Beunruhigendes vor sich ging. Seit Jahren gab es Blaualgenblüten. In seinem Tiefenwasser bilden sich Todeszonen. Seine einst so ausgedehnten, unterseeischen Wiesen von Armleuchteralgen sind fast verschwunden. Die Fontanemaräne, die es nur im Stechlinsee gibt, ist akut vom Aussterben bedroht. Wie konnte ich das so lange übersehen?

Weltbewegung

Viele, die den Stechlin besuchen, rühmen noch heute sein klares Wasser. Sie kennen den See vielleicht nicht anders oder haben vergessen. In Fontanes Roman bringt sich der Stechlin zuweilen gegen die Kurzlebigkeit des Alltags in Erinnerung: »Alles still hier. Und doch, von Zeit zu Zeit wird es an eben dieser Stelle lebendig. Das ist, wenn es weit draußen in der Welt, sei's auf Island, sei's auf Java, zu rollen und zu grollen beginnt.« Dann zeigt sich in ihm, wie an einem Seismografen, die große Bewegung der Welt.

Die große Weltbewegung, das waren zu Fontanes Zeiten Revolutionen und geologische Kataklysmen. Für uns ist es die globale Erwärmung des Klimas. Mit der Trübung des Stechlin bricht für mich die große Weltbewegung in die Abgeschiedenheit der Brandenburger Wälder. Sie markiert das Ende einer Illusion. Der Stechlin, das war immer das symbolische Zentrum meiner Welt. Ich konnte an den See zurückkehren und mich dort meiner Zeit und der Welt vergewissern.

Wenn ich vom Dorf zum See ging und sich sein Wasser zwischen den Zweigen der Bäume auftat, dann sah ich, dass alles noch da ist. Im großen Wirbel meines eigenen Lebens und der Ereignisse des Weltgeschehens lag er da, wie er immer da gelegen hatte. Jede dieser Begegnungen war wie die Wiederkehr des Frühlings: Ja, die Welt dreht sich immer schneller, doch sie hat ihre Substanz noch nicht verloren.

Feierabendland

Das Stechlinsee-Gebiet steht seit 1938 unter Naturschutz. Man stellte es unter Schutz, weil man von Berlin aus die Besiedelung des Seeufers mit Landhäusern verhindern und mehr Kontrolle über den ausufernden Fremdenverkehr erlangen wollte.

Zuvor war eine Bahnlinie in Betrieb genommen worden, die das unweit des Sees gelegene Dörfchen Neuglobsow mit Berlin-Gesundbrunnen verband. Sie brachte einen neuen Wochenendtourismus an die beschaulichen Ufer des Sees.

Ganz Berlin wollte am Wochenende gerne in die Natur, arm und reich, gebildet und ungebildet, mit Angel oder Jagdgewehr, mit Fotoapparat oder Botanisiertrommel, mit Kind und Kegel oder gemeinsam mit singenden Wandergesellen. Und alle wollten gerne, dass es dort von den andern unberührt ist. Der See, das war die schöne Kulisse in einem Feierabendland.

Im Grunde behielt er diese Rolle bis heute. Sinnbild dafür sind vielleicht die alljährlich wiederkehrenden Stechlinseefeste am Neuglobsower Badestrand, manchmal mit Lampionbooten am Abend. Sie gehören schon seit den 1950ern zum Sommerprogramm des Erholungsortes. Ich bin mit dem Tourismus im Ort aufgewachsen, war stolz, darauf, dass sich so viele Menschen – in den Sommermonaten der achtziger Jahre gab es täglich mehr als zweitausend Übernachtungen – am Stechlin von den Strapazen ihres Alltags erholten. Heute nutze auch ich die schöne Kulisse des Sees für meine kurzen Fluchten aus der Stadt.

Kühlsystem

Blickt man vom Badestrand über die weite Wasserfläche Richtung Westen, dann sieht man in der Entfernung, hinter den Gipfeln der Buchen, einen Schornstein aus dem Wald ragen. Das ist der Schornstein des Rheinsberger Atomkraftwerks.

Das Kraftwerk wurde dort in den frühen Sechzigern errichtet, weil die Gegend menschenleer und wasserreich war. Man zog eine drei Kilometer weite Strahlenschutzzone um den Reaktor und baute für die Belegschaft eine Siedlung im nahen Städtchen Rheinsberg. Eine eigens errichtete Eisenbahnlinie brachte fortan die Menschen durch den Wald zum Werk. Das Wasser zum Kühlen des Reaktors kam aus dem Stechlin, genauer aus einem Kanal, der von nun an als Kreislauf den Stechlin und den benachbarten Nehmitzsee verband.

Als das Kraftwerk in Betrieb ging, erwärmte sich das Wasser des Stechlin im Schnitt um drei Grad, die Sichttiefe verminderte sich um fünf bis sechs Meter, alle Wasserpflanzen unterhalb einer bestimmten Wassertiefe starben ab, und der Bestand der kleinen Maräne reduzierte sich um mehr als die Hälfte.[2]

Aber immerhin, das Worst-case-Szenario der Ingenieure trat nicht ein. Die Erwärmung des Sees führte nicht zur Verdunstung des Wassers, und man musste nicht, wie befürchtet, eine weitere Verbindung legen, um den Stechlin mit dem nördlich gelegenen Havelfluss zu verbinden.[3] Die ortsansässige Dichterin Lori Ludwig schrieb damals die optimistischen Zeilen: »Du wirst von deinem Zauber nichts verlieren, || nützt du dem kühnen Kraftwerk, das dich braucht.«[4]

Das Rheinsberger Atomkraftwerk war von Anfang an als ein »Lehr- und Versuchskraftwerk« geplant. Am Reaktor sollten Experimente durchgeführt und Erfahrungen gesammelt werden. Man wollte am Stechlin lernen, anderswo, im großen Stil, mit Atomenergie Strom zu erzeugen.

Die Forschungen und Experimente beschränkten sich jedoch nicht allein auf das Kraftwerk. Man wollte auch wissen, was mit den an das Kühlsystem angeschlossenen Gewässern passiert. Was würde wohl, so drückte sich einer der Architekten des Kraftwerks einmal aus, in diesem »in der Welt einzigartigen ›geheizten Aquarium‹«, vor sich gehen?[5]

Am Südufer des Sees wurde dafür eigens eine Forschungsstation eingerichtet. In den frühen 1960ern, noch bevor das Kraftwerk in Betrieb ging, begann man von dort aus zu messen und zu katalogisieren. So konnte man sehen, was sich veränderte, als das Kraftwerk lief. Zwanzig

2 S. Jost Casper (Hrsg.), *Lake Stechlin. A temperate oligotrophic lake.* Dordrecht: Kluwer 1985.

3 Theodor Schräder, *Die Forschungsstelle für Limnologie der Deutschen Akademie für Wissenschaften zu Berlin.* In: *Limnologica*, Nr. 1/1, 1962.

4 Lori Ludwig, *Stechlinsee.* In: *Neue Zeit* vom 19. April 1969.

5 Max Steenbeck, *Impulse und Wirkungen.* Berlin: Verlag der Nation 1977.

Jahre später, als man genügend Daten gesammelt hatte, schien es so, als hätte sich der Zustand des Sees stabilisiert. Der See hatte erstaunlicherweise seinen Klarwasserstatus behalten.

So wurde im Jahr 1986 resümiert: »Heute nach 25jähriger intensiver limnologischer Forschungsarbeit am Stechlinsee kann gesagt werden, daß die aufgeworfenen Fragen weitgehend beantwortet werden konnten.«[6] Das Ende des Großexperiments kam im Jahr 1990, als das Kraftwerk für immer stillgelegt wurde.

Mesokosmos

Die Forschungsstation gibt es bis heute. Nach einer Zeit des Bangens in den neunziger Jahren wurde sie unter das Dach der Leibniz-Gemeinschaft gestellt. Die Forschung am See hat sich seitdem dramatisch gewandelt. Geforscht wird inzwischen, was sich in der Ökonomie des globalen Wissenschaftsbetriebs rechnet. Man erkundet am See, was weltweit zitiert wird, was verallgemeinert werden kann. Die eigentümliche Geschichte des Sees mit der Atomkraftwerks-Episode steht dem im Weg.

Zudem taugt der See durch die zunehmende Eutrophierung nicht mehr als Modell für nährstoffarme Gewässer. Um jedoch im globalen Wettbewerb der Forschungsinstitutionen zu bestehen, braucht es einen Standortvorteil. Seit 2012 sorgt daher ein wissenschaftliches Großgerät, ein »Mesokosmos«, für internationalen Besuch und einen steten Output an Publikationen. Der Mesokosmos ist ein gigantisches Aquarium aus Aluminiumbehältern. Es steht in der Mitte der Südbucht im Wasser.

Nun dient der See also, beinah als hätte man ihn in den Ruhestand entlassen, als Behältnis für Experimentiergeräte. In den Experimenten wird der Klimawandel simuliert, mit Sommerstürmen und veränderten Nährstoffgehalten. All dies liefert wichtige Erkenntnisse für das Verständnis der Vorgänge in den Seen. Die besonderen Verhältnisse im Stechlin spielen dafür kaum noch eine Rolle. Der See bildet die Kulisse.

Ökosystem

Der Stechlin war lange Zeit bekannt als der letzte große kalk-oligotrophe Tiefwassersee der norddeutschen Tiefebene.[7] Wir denken ihn als ein Ökosystem. Als Ding der Betrachtung, als großes Aquarium Stechlinsee, ist er Sinnbild eines Ökosystems schlechthin.

Ökosysteme werden traditionell in Konzepten von Gleichgewicht, Ganzheit und Selbsterhalt gedacht. Wie im Kraftwerk geht es dabei um wohlumgrenzte Stoffkreisläufe und um das Bilanzieren von Produktion und Konsumtion.[8] Die Bilder vom Kreislauf der Energie und der Nährstoffe sind dabei im Grunde immer zeitlos. Es scheint daher fast so, als ver-

6 Rainer Koschel / S. Jost Casper, *Die ökologische Bedeutung des Kernkraftwerkes I der DDR »Rheinsberg« für den Stechlin*. In: *Biologische Rundschau*, Nr. 24, 1986.

7 Oligotroph steht in der Seenkunde für nährstoffarm.

8 Vgl. beispielsweise August Thienemann, *Der See als Lebenseinheit*. In: *Naturwissenschaften*, Nr. 13/27, 1925; Eugene P. Odum, *Fundamentals of Ecology*. Philadelphia: W. B. Saunders Co. 1953.

wiese der Status »oligotroph« auf eine fixe Identität, als wäre der See gegen alle äußeren Umstände bestrebt, oligotroph zu bleiben.

Die Forschenden haben deshalb lange gehofft, dass der Stechlin die Belastungen durch Kraftwerk und Tourismus »abpuffern«, dass er den zusätzlichen Nährstoffeintrag »verdauen« könne und dass sein Vermögen zur »Selbstreinigung« groß genug sei, den Status quo zu erhalten.

Das waren starke Metaphern, die sich in Zeitungsartikel übersetzten, in denen darüber berichtet wurde, wie die Forschenden vom Stechlin über dessen »Gesundheit« wachten und wie sie »für das ökologische Gleichgewicht des Stechlin« sorgten.[9] Das war auch mein Bild vom See. Ich glaubte den See in guten Händen. Aber vor allem glaubte ich an den See.

Seit etwa 2010 sind Blaualgenblüten ein gewohntes Bild am Stechlin. Winters wie Sommers trübt sich der See wochenlang, manchmal mit Sichttiefen von kaum mehr als zwei Metern. Dickichte von Rauem Hornkraut wuchern dunkel und undurchdringlich. Ein filziger, wabernder Teppich von fädigen Grünalgen liegt über Steinen und Pflanzen. Es ist ein trostloses Bild. Man kennt es von anderswo: In einigen Alpenseen kam es jüngst zu massiven Algenblüten, obwohl dort über Jahrzehnte menschlichen Nährstoffeinträge drastisch verringert wurden.[10] Man weiß jedoch, dass Nährstoffaltlasten aus der Vergangenheit durch Blaualgenblüten wieder aus dem Sediment am Grund der Seen gelöst werden können.[11]

Alles deutet darauf hin, dass am Stechlin Ähnliches vor sich geht. Es scheint, als habe sich ein Teufelskreislauf etabliert, bei dem mit jeder Algenblüte immer mehr absterbende, in die Tiefe sinkende Algen immer toxischere Bedingungen am Seegrund schaffen. Dadurch löst sich dort immer mehr von den im Sediment gebundenen Nährstoffen, das Erbe von Kraftwerk und DDR-Ferienbetrieb. Wenn das Tiefenwasser dann an die Oberfläche strömt, nährt es in einer sich selbst verstärkenden Schleife das Wachstum der Algen. Ausgelöst wird all dies vermutlich durch Brandenburgs wärmer werdendes Klima, denn Blaualgen lieben warmes Wasser, und inzwischen ist der See wärmer, als er zu Zeiten des Kraftwerkbetriebs je war.

Landschaftsmaschine

Der See ist mit den Blaualgen ein anderer geworden, vielleicht für immer. Selbst mit seiner Sanierung, die nun angestrebt wird, droht er zu einem dauerhaften Pflegefall zu werden.

Um die zunehmende Eutrophierung aufzuhalten, müssten die Nährstoffe mit

9 Bärbel Möricke, *Rund um den Stechlin sind Mensch und Natur miteinander im Reinen.* In: *Neue Zeit* vom 29. März 1986.

10 Giuseppe Morabito u.a., *Could the extreme meteorological events in Lake Maggiore watershed determine a climate-driven eutrophication process?* In: *Hydrobiologia*, Nr. 824/1, November 2018; Orlane Annaville u.a., *The paradox of re-oligotrophication: the role of bottom-up versus top-down controls on the phytoplankton community*. In: *Oikos*, Nr. 128/11, Juli 2019.

11 Vgl. beispielsweise Henning Skovgaard Jensen/Frede Ostergaard Andersen, *Importance of temperature, nitrate, and pH for phosphate release from aerobic sediments of four shallow, eutrophic lakes*. In: *Limnology & Oceanography*, Nr. 37/3, 1992.

technischen Mitteln auf lange Sicht auf seinem Grund festgehalten werden. Der See würde zu einer Art Landschaftsmaschine werden, die uns die Kulisse bewahrt.[12]

Die Allgegenwart unumkehrbarer Vorgänge in unserer physischen Welt wurde von der Naturwissenschaft lange verdrängt. Erst mit den Arbeiten des Chemikers Ilya Prigogine fand sie größere Beachtung. In den späten 1970er Jahren schon schrieb er zusammen mit der Philosophin Isabelle Stengers ein leidenschaftliches Plädoyer dafür, das Vergehen der Zeit auch in den naturwissenschaftlichen Experimenten anzuerkennen. Sie bezeichneten die, oft unvermeidbaren, unumkehrbaren Vorgänge als »die letzte Spur einer spontanen, eigenen Aktivität der Natur«.[13]

Wirklich bewusst ist uns dies allerdings erst, seitdem wir über Kipppunkte in globalen Ökosystemen sprechen. Vielleicht ist es kein Zufall, dass genau in den Jahren, als am Stechlin erstmals die Blaualgen blühten, die ersten Arbeiten erschienen, die in erschütternder Klarheit von unmittelbar bevorstehenden, globalen »tipping points« sprachen.[14] Wir wissen inzwischen, was das bedeutet, nämlich, dass es danach kein Zurück gibt. Ist der Kipppunkt erreicht, dann kommt eine Dynamik in Gang, die unvorhersehbar und unumkehrbar ist. Grönlands Eis wird dann geschmolzen sein und der Golfstrom versiegt. Wir können dann nicht einfach den Status quo des Gewesenen wieder herstellen, weil sich die Welt grundlegend verändert hat.

Dass Seen »kippen«, dass sie also plötzlich von einem stabilen Zustand in den anderen rutschen, war lange bekannt. Es wurde jedoch immer als etwas Reversibles verstanden. Das Ökosystem See erschien auf diese Weise zeitlos. Inzwischen geht auch die Seenkunde davon aus, dass Seen Systeme sind, bei denen Umkehrbarkeit die Ausnahme ist. In aller Regel gibt es nach dem Kipppunkt keinen Weg zurück.

Sterbelehre

In Fontanes Roman stirbt am Ende der alte Dubslav von Stechlin. Er stirbt keinen plötzlichen Tod, er holt sich eine Krankheit. Sein Sterben zieht sich über die letzten Kapitel des Romans. Irgendwann weiß er, dass sein Ende bevorsteht. Er kommentiert es mit einem profanem »Nu geht es los.« Dann gibt sich redseliger Besuch an seinem Krankenbett die Klinke in die Hand. Der alte Dubslav nimmt es mit Gelassenheit, bisweilen mit Freude, und schweigt zumeist. Es gibt die kleine Agnes, ein Mädchen aus Globsow und die Buschen, eine Heilerin aus dem Ort. Beide holt er sie, entgegen aller Konvention, zu sich ins Haus in diesen letzten Wochen. Er freut sich über das Geschenk einer Honigwabe. Ganz am Ende richtet er sich an seinen Diener Engelke: »Du meinst also: ›für 'n Tod kein Kraut gewachsen ist‹. Ja, das wird es wohl sein; das mein' ich auch.« Der Theologe Hermann Kurzke hat das

12 Der Begriff ist geborgt von dem Titel der Ausstellung *Landscape Machines* des Künstlers Erich Berger.

13 Ilya Prigogine/Isabelle Stengers, *Dialog mit der Natur. Neue Wege naturwissenschaftlichen Denkens*. München: Piper 1981.

14 Vgl. beispielsweise Timothy M. Lenton u.a., *Tipping Elements in the Earth's Climate System*. In: *PNAS*, Nr. 105/6, März 2008; Anthony D. Barnosky u.a., *Approaching a state shift in Earth's biosphere*. In: *Nature*, Nr. 486, Januar 2012.

treffend als »Dubslavs Sterbelehre« bezeichnet.[15]

Man kann so eine Sterbelehre weiterdenken. Die amerikanische Literaturwissenschaftlerin Sarah Ensor tat dies zum Beispiel am Begriff der Endlichkeit. Sie denkt Endlichkeit als eine ausgedehnte Zeitlichkeit, die wir immer schon bewohnen, als etwas, was uns als Menschen mit den Fischen und den planktonischen Algen verbindet. Die Beschreibung der letzten Wochen des Dubslav von Stechlin kommt dem vielleicht recht nah. Es heißt, Endlichkeit als einen Zustand zu begreifen, der innige Beziehungsweisen ermöglicht, vielleicht ein Leben lang.[16]

Endlichkeit am Stechlin zu akzeptieren, hieße innige Beziehungen einzugehen, die mitfühlender sind, weniger gewaltvoll und verantwortungsbewusster. Schließlich könnte uns dies auch ermöglichen, ohne dass wir auf abstrakte moralische Streckübungen rekurrieren müssten, die Blindheit und Empathielosigkeit gegenüber den vielen Weltuntergängen zu überwinden, die es überall auf der Welt schon lange gibt.

15 Hermann Kurzke, *Dubslavs Sterbelehre*. In: *Welt* vom 28. Juli 2007.

16 Ensors Begriff ist »terminality«. Sarah Ensor, *Terminal Regions: Queer Ecocriticism at the End*. In: Alastair Hunt / Stephanie Youngblood (Hrsg.), *Against Life*. Evanston: Northwestern University Press 2016.

Der Tod der Anderen

Von Tatjana Noemi Tömmel

»Vor meinem eignen Tod ist mir nicht bang,
nur vor dem Tode derer, die mir nah sind.
Wie soll ich leben, wenn sie nicht
mehr da sind?«
Mascha Kaléko, *Memento*

Philosophieren als Sterbenlernen

Dass die Philosophie ein Faible für den Tod hat, ist kein Geheimnis. Als Zenon fragte, wie er am besten leben könne, soll das Orakel von Delphi geantwortet haben: »Nimm die Farbe der Toten an.«[1] Sokrates als Urbild des Philosophen beweist seine geistige Überlegenheit, indem er sein Todesurteil gelassen hinnimmt. Damit verkörpert er, was Michel de Montaigne später auf den Begriff bringt: Philosophieren heißt Sterben lernen.[2] In seinem Versuch über die Sterblichkeit beschreibt der Erfinder des Essays die Kontemplation als »Einübung in den Tod«. Auch Friedrich Nietzsche war von diesem Sterbenlernen umgetrieben, ein Sterbenlernen, das keineswegs nur metaphorisch gemeint war – etwa als Absterben von den irdischen Phänomenen zugunsten einer geistigen Schau –, sondern das den wirk-

1 Diogenes Laertius zit. n. Hannah Arendt, *Vom Leben des Geistes*. München: Piper 2006.

2 Michel de Montaigne, *Essais*. Erste moderne Gesamtübersetzung von Hans Stilett. Frankfurt: Eichborn 1998.

lichen, den leiblichen Tod meint.[3] Für Albert Camus schließlich wird der eigene Tod zur Fundamentalfrage: »Es gibt nur ein wirklich ernstes philosophisches Problem: den Selbstmord. Sich entscheiden, ob das Leben es wert ist, gelebt zu werden oder nicht, heißt auf die Grundfrage der Philosophie antworten.«[4]

Sieht man vom Suizid einmal ab – wie lernt man eigentlich sterben? Wenn man den Schilderungen Montaignes Glauben schenken darf, hat er sich geradezu obsessiv mit dem eigenen Tod beschäftigt. Angesichts der Allgegenwärtigkeit und Unentrinnbarkeit der Sterblichkeit rät er dazu, Umgang mit ihr zu pflegen, um sie ihrer Unheimlichkeit zu berauben. Durch diese ständige Besinnung auf die *condition humaine* der Sterblichkeit soll der Mensch lernen, den Tod als Befreiung zu begreifen: »Das Leben hat keine Übel mehr für den, der recht begriffen hat, daß der Verlust des Lebens kein Übel ist.« Dergestalt »gestiefelt und gespornt zur Abreise gerüstet«, empfiehlt Montaigne, dass wir es im Augenblick des Todes nur noch mit uns selbst zu tun haben sollten: »Ich löse mich von allem [...] außer von mir selbst.« Während es vielen schwer fiele, von geliebten Menschen Abschied zu nehmen, könne er selbst aufbrechen »ohne irgendeiner Sache nachzutrauern«. Haben Leben und Sterben durch das Lösen aller Bindungen erst einmal ihre Bedeutung verloren, ist alles »einerlei«, soll es sich offenbar besser leben lassen. Nicht mehr und nicht weniger ist also erforderlich, als die Welt und andere Menschen für nichtig zu achten.

Seltsam ist, dass sich dieser *praemeditatio mortis*, für die insbesondere die Stoa bekannt ist, immer wieder der Gedanke beigesellt, der Tod sei eigentlich besser als das Leben. So lässt der zu Tode verurteilte Sokrates seine Freunde wissen, dass jeder Philosoph gerne sterben wolle.[5] Nietzsche behauptet, dass viele zu spät sterben, Seneca gar, dass niemand zu früh sterbe.[6] Woher kommt diese Vorliebe der Philosophie für den Tod, teilweise sogar für die Selbsttötung, diesen angeblich freien Tod?

Bei Platon steht hinter der Gelassenheit zum Tode die Annahme, dass der Leib ein Gefängnis sei, das man abstreifen müsse, damit die Seele die Wahrheit rein erfassen kann. Erst nach dem Tode ist deshalb wahre Erkenntnis möglich. Noch bei Martin Heidegger hat das »Vorlaufen zum Tode« eine vorwiegend hermeneutische Funktion – wir verstehen das Ganze unseres Lebens nur vom Ende her. Der moderne »Bilanzsuizid« dagegen flieht nicht den Leib als solchen, sondern will nur die Souveränität über ihn bis zuletzt behaupten. »Sollte ich entweder die Grausamkeit einer Krankheit oder die eines Menschen erwarten, wenn ich durch die Mitte abtreten und das Missgeschick vertreiben kann?«, fragt Nietzsche. Damit versucht er dem Tod zu nehmen, was ihn am meisten ausmacht: dass er einem widerfährt.

3 Friedrich Nietzsche, *Also sprach Zarathustra*. Kritische Studienausgabe, Bd. 4. Hrsg. von Giorgio Colli u. Mazzino Montinari, München: dtv 1999.

4 Albert Camus, *Eine absurde Betrachtung*. In: Ders., *Der Mythos des Sisyphos*. Reinbek: Rowohlt 2005.

5 Platon, *Phaidon*. Stuttgart: Reclam 1987.

6 Lucius Annaeus Seneca, *Trostschrift an Marcia*. In: Ders., *Philosophische Schriften*. Bd. 1. Darmstadt: WBG 1980.

Der Tod der Anderen in der Philosophie

Während man sich im Falle des eigenen Todes noch damit trösten kann, dass er nicht ist, solange man selbst ist, und man selbst nicht mehr, wenn er ist (Epikur), verhält sich dies mit dem Tod der Anderen völlig anders: In voller Lebendigkeit erfahren wir deren Tod. Doch gerade hier, am Punkt des größten Schmerzes, zieht sich die philosophische Reflexion zurück. Während die Philosophie seit jeher dem eigenen Tod eine überragende Bedeutung beigemessen hat, spielt der Tod der Anderen kaum eine Rolle.

So bleibt zum Beispiel in Heideggers (auf die Eigentlichkeit fixierter) Daseinsanalyse die »›objektive‹ Gegebenheit des Todes« der Anderen ohne Gewicht. Heidegger verwirft die Erfahrung des Todes der Anderen, weil an ihr gerade nicht die Unvertretbarkeit und »Jemeinigkeit« des Todes sichtbar werde: »Der Tod ist, sofern er ›ist‹, wesensmäßig je der meine. Und zwar bedeutet er eine eigentümliche Seinsmöglichkeit, darin es um das Sein des je eigenen Daseins schlechthin geht.«[7]

Zwar mag Heidegger in Bezug auf sein eigenes philosophisches Projekt die Anderen zu Recht ausklammern. Dennoch berührt das Phänomen der »Unvertretbarkeit«, das für ihn ausschließlich mit dem eigenen Tod verknüpft ist, nicht nur das Ich, sondern gerade auch das Du. Dass der andere Mensch unvertretbar ist, erfahre ich eindrücklich und schmerzhaft, wenn er nicht mehr ist. Weil Heidegger das nicht sieht, klingt es etwas steif, wenn er schreibt: »Im trauernd-gedenkenden Verweilen bei [dem Toten] sind die Hinterbliebenen mit ihm, in einem Modus der ehrenden Fürsorge.«

Kehren wir noch einmal zurück zu der Platonischen Urszene: Die Freunde finden Sokrates im Kerker, zum Tode durch den Schierlingsbecher verurteilt, Ehefrau Xanthippe an seiner Seite, die, »heulend und sich übel gebärdend«, Sokrates' kleinen Sohn auf dem Arm hält. Diese für den Dialog dramaturgisch wichtige Anti-Philosophin verkörpert geradezu die »Torheit des Leibes« mit ihrem Wehgeschrei und ihrem Säugling auf dem Arm. Ihre Klagen um den zu Tode verurteilten Gatten werden als trivial und lästig abgetan; Sokrates bittet einen Freund, sie hinaus zu führen – ohne selbst auch nur das Wort an sie zu wenden. Was aber wäre, wenn Xanthippe, Paradigma der zänkischen Gattin, in ihrer Trauer gerade etwas Wesentliches verstanden hätte, das sich Sokrates selbst notorisch entzieht, nämlich: den Wert des einzelnen Menschen?

Warum empfindet Sokrates keinen Kummer darüber, dass er Freunde, Frau und Kinder verlassen muss? Wird er geliebt, ohne selbst jemals zu lieben, wie der junge Alkibiades ihm unterstellt?[8] Noch bevor er auf die Unsterblichkeit der Seele zu sprechen kommt, behauptet Sokrates, es sei besser zu sterben als zu leben, da er nach dem Tod zu anderen Göttern komme, die auch weise und gut seien, und »zu verstorbenen Menschen, welche besser sind als die hiesigen«. Selbst wenn man, wie Sokrates, an die Unsterblichkeit der Seele glaubt, bleibt seine Haltung doch ein Affront gegen die Freunde, die offenbar nur

7 Martin Heidegger, *Sein und Zeit*. Tübingen: Niemeyer 2001.

8 Platon, *Das Gastmahl*. Stuttgart: Reclam 1979.

als Typen von Interesse sind und nicht um ihrer selbst willen gemocht werden. Wer würde sich nicht zu Recht beschweren, wenn man zum Abschied sagte: Ich werde dich nicht vermissen, denn ich gehe davon aus, in hervorragender Gesellschaft zu sein?

Sehen wir von dem notorisch unbedürftigen Sokrates einmal ab, ist es nicht so, als wäre Philosophen der Kummer gänzlich fremd geblieben: Augustinus zum Beispiel schildert in den *Bekenntnissen* »eine Freundschaft so süß wie sonst nichts auf Erden«, die durch den jähen Tod des geliebten Freundes beendet wird. Durch die Trauer, schreibt Augustinus, wird er sich selbst zur Frage. Als er einsieht, wie schmerzvoll es ist, den Geliebten zu verlieren, wendet er sich Gott als dem ewigen, unwandelbaren Sein zu, denn »elend ist jede Seele, die von der Liebe zu den vergänglichen Dingen gefesselt und dann zerrissen wird, wenn sie sie verliert«.[9] Wer dagegen Gott liebt, ist »selig«, denn er »allein verliert keinen, der ihm lieb ist«.

Augustinus' Motiv, Gott zu lieben, ist also der Versuch, sich den unerträglichen Schmerzen des Verlusts zu entziehen, die eigene Existenz gleichsam abzupolstern gegen die Gefahren der irdischen Liebe. Sein Kummer über den Tod des Freundes, der Anlass hätte sein können zu einer »geistigen Aufhellung der Phänomene, die dem Herzen unmittelbar gewiß sind« (Camus), wird in der Folge verleugnet, indem die Quelle des Leidens trockengelegt wird. Wie Sokrates findet auch Augustinus Gründe, warum es keinen Grund gibt, um Menschen zu trauern.

In einer Reflexion aus der Zeit des Ersten Weltkriegs berichtet Freud von einem bekannten Dichter, der keine Freude an der Schönheit der Welt empfinden könne, weil sie vergänglich sei. Freud versucht, den Grund dieses Weltüberdrusses zu verstehen, und kommt zu folgendem Schluss: Da die Seele vor allem Schmerzlichen instinktiv zurückweiche, sich also gegen die Trauer auflehne, werden die vom Verlust bedrohten Objekte entweder entwertet oder ihre Vergänglichkeit geleugnet.[10]

Beide Reaktionen auf das Problem der Vergänglichkeit scheinen mir die verbreitete philosophische Haltung zum Tod zu bestimmen: Entweder wird der Tod zum bloßen Schein erklärt oder der Wert der Menschen wird relativiert, um deren Verlust ertragen zu können. So liegt auch der berühmte »Trost der Philosophie«, die Boethius in Frauengestalt im Gefängnis besucht, darin, die Wertlosigkeit aller irdischen Güter und das mit ihnen verbundene Glück als Illusion zu erweisen. Glückselig ist nur, wer sich aller Bedürfnisse und Gefühle entledigt hat und in völliger Selbstgenügsamkeit lebt.[11]

Viel Philosophie, aber kaum Trost findet darum der niederländische Philosoph Jean-Pierre Wils bei Boethius.[12] Beispiele für die Trostlosigkeit der Philosophie bietet Wils' aufschlussreiches Buch dagegen

9 Aurelius Augustinus, *Bekenntnisse*. Eingeleitet u. übertragen v. Wilhelm Thieme. Lausanne: Edition Rencontre 1970.

10 Sigmund Freud, *Vergänglichkeit*. In: Ders., *Gesammelte Werke*. Bd. X. Frankfurt: Fischer 1967.

11 Boethius, *Trost der Philosophie*. Hrsg. v. Kurt Flasch. München: dtv 2005.

12 Jean-Pierre Wils, *Warum wir Trost brauchen. Auf den Spuren eines menschlichen Bedürfnisses*. Stuttgart: Hirzel 2023.

in Hülle und Fülle: Da ist zum Beispiel Seneca, der in seiner *Trostschrift* eine Frau namens Marcia zurechtweist, die gerade Vater und Sohn verloren hat. Weil die Trauer um ein unabwendbares Schicksal überflüssig und unvernünftig sei, solle sie gefälligst »Bescheidenheit im Schmerz« üben. Auch Plutarch schreibt an seine Frau Timoxena eine *consolatio*, als er vom Tod der gemeinsamen Tochter, eines erst zweijährigen Mädchens, erfährt: Ihre Haltung als Mutter dürfe nicht »von sinnloser und widerwärtiger Trauer«, »wild und rasend« sein, denn Hadern mit dem Schicksal »ist nicht unser Stil«.[13]

Mit Argumenten und Ermahnungen den Trauernden zu begegnen, zeugt freilich weder von Lebensklugheit noch von Charakter, denn »Trostgründe« kann es angesichts des Verlusts kaum geben. Erschüttert von der »Herzenskälte« solchen Denkens, bemerkt Wils mit Georg Simmel, wie erstaunlich wenig von den Schmerzen der Menschheit in ihre Philosophie übergegangen sei.[14] Wenn aber in diesem bunten Jammertal nichts beständig und »der Verlust notwendig« ist,[15] wohin kann sich dann das »trostsuchende Wesen« (Simmel) Mensch wenden?

13 Plutarch, *Trostbrief an Timoxena, seine Frau (Consolatio ad uxorem)*. In: *Lebensklugheit und Charakter. Aus den »Moralia«*. Hrsg. v. Rudolf Schottlaender, Leipzig: Dieterich 1983.

14 Georg Simmel, *Fragmente und Aufsätze*. Hildesheim: Georg Olms 2013.

15 Jakob Michael Reinhold Lenz, *Willkommen kleine Bürgerin*. In: Ders., *Gedichte*. Berlin 1891.

Das merkwürdige Erlebnis des Trostes

Wenn wir nach Worten suchen, die wir bei uns tragen können, wenn wir Verlusten ausgesetzt sind, spendet die Philosophie selten Trost, denn wer trösten will, muss zuallererst die Wirklichkeit des Schmerzes anerkennen. Wer trösten will, muss bereit sein, das Leid des Anderen auszuhalten im vollen Bewusstsein, es nicht betäuben zu können. Nicht fliehen, sondern beistehen ist geboten. Wahr- und wirklich genommen in seiner ganzen Schrecklichkeit haben den Tod der Anderen vor allem die Künste. Hier werden die Trauer um die Toten und die unerfüllbare Sehnsucht nach ihnen greifbar, fühlbar: »He was my North, my South, my East and West, | My working week and my Sunday rest, | My noon, my midnight, my talk, my song; | I thought that love would last for ever: I was wrong. || The stars are not wanted now: put out every one; | Pack up the moon and dismantle the sun; | Pour away the ocean and sweep up the wood; | For nothing now can ever come to any good.«[16]

Seltsamerweise vergrößert die ästhetische Erfahrung von Vergänglichkeit und Verlust nicht die Trauer, sondern die bloße Mitteilung scheint der Anteilnahme so verwandt, dass sie den Schmerz erträglicher macht. Der Trost, schreibt Simmel, sei ein merkwürdiges Erlebnis: Er lasse zwar das Leiden bestehen, hebe aber das »Leiden am Leiden« auf. Der Trost kann also das Übel nicht ungeschehen machen, er versucht es nicht einmal. Aber er lindert dessen Wirkung auf die »tiefst[e] Instanz der Seele«. In Wils' Worten beendet der

16 W. H. Auden, *Stop all the clocks*. In: Ders., *Anhalten alle Uhren. Gedichte*. Englisch/Deutsch. München: Pendo 2002.

Trost deswegen nicht das Leiden, sondern »ummantelt« den Schmerz. Wenn der Anblick von Passionsdarstellungen trostvoll ist, dann wohl deswegen, weil sie für die Betrachtenden die Gelegenheit geben, Solidarität im Schmerz zu empfinden. So nimmt die Kunst die Trauernden unter ihren Schutzmantel.

Eine Phänomenologie des Verlusts

Wie aber ist es, jemanden zu verlieren? Was geschieht denn, wenn die anderen sterben, vor allem die geliebten Anderen? Derselbe Montaigne, der in dem einen Essay empfiehlt, alle Bindungen zu lösen, beschreibt in einem anderen die unergründliche Eigensinnigkeit der Liebe zu seinem Freund Etienne de la Boétie, der sich durch nichts und niemanden ersetzen lasse: »weil er er war, weil ich ich war«. All die Freuden, die sie geteilt hatten, erinnern ihn jetzt an den Verlust: »Es gab keine Handlung und keinen Gedanken, wo er mir nicht fehlte.« Obwohl sein Leben mit allen Annehmlichkeiten ausgestattet ist, erscheint es ihm nach dessen Tod »nichts als Rauch, nichts als freudlose, dunkle Nacht«. Auch Augustinus, der großartige Phänomenologe des Verlusts, beschreibt diese Allgegenwart der Abwesenheit: »Wohin ich auch blickte, überall begegnete mir der Tod [...] Woran ich einst mit ihm gemeinsam mich gefreut, ohne ihn verkehrte es sich zur Folterqual. Überall suchten ihn meine Augen und fanden ihn nicht.«

Wer liebt, schreibt Karl Jaspers, bejahe das Sein des Geliebten grundlos und unbedingt: Er will, dass es sei.[17] Weil die Liebe das Leben des Geliebten will, glaubt sie, stärker als der Tod zu sein. Augustinus: »Ich wunderte mich, dass andere sterbliche Menschen noch lebten, da doch der eine gestorben war, den ich geliebt hatte, als könne er nie sterben.« Wir können deswegen nicht über den Tod der Anderen nachdenken, ohne über die Liebe zu ihnen zu sprechen. Aber wir können auch nicht lieben, ohne den Tod der Geliebten zu fürchten: »Ruin hath taught me thus to ruminate | That Time will come and take my love away. | This thought is as a death, which cannot choose | But weep to have that which it fears to lose.«[18] Shakespeares Verse weichen der Gewissheit, dass die Zeit den Geliebten rauben wird, nicht aus. Die Angst vor dem Verlust wird nicht geflohen, sondern eingestanden. Es gibt keinen Ausweg aus diesem Verlust, kein Sichhinausreflektieren aus der schlichten Tatsache, dass das Kostbarste vergänglich ist wie Gras.

Aber die Hinfälligkeit aller weltlichen Dinge und die Vergänglichkeit des Menschen machen sie nicht weniger wertvoll, im Gegenteil. Denn *im* Verlust scheint die »Sakralität der Person« (Hans Joas) auf wie sonst nur in den Augenblicken größter Liebe. Wenn die Liebe im Abschied noch einmal mit unerwarteter Heftigkeit aufglimmt, scheint der Tote wie der Inbegriff des Lebens selbst. Zugleich tritt mit dem Tod eine seltsame Verdichtung ein, als würde uns schlagartig deutlich, wer dieser Mensch gewesen ist. Und mit dieser Wesensschau empfinden wir, was der Mensch war – ein Wert ohne Maß. Aus

17 Karl Jaspers, *Philosophie*. Bd. 2. Berlin: Springer 1956.

18 William Shakespeare, *Sonnet LXIV. In: Ders., Complete Sonnets*. New York: Dover Publications 1991.

diesem Grund scheint Dankbarkeit die einzige Haltung zu sein, die den Wert der Anderen nicht mindern muss, um den Verlust zu ertragen: die Dankbarkeit für das unverdiente Geschenk, diesen Menschen überhaupt gekannt zu haben. Vielleicht können wir uns dann »an der Nähe freuen, die im Abschied entsteht«.[19]

Wie Mascha Kaléko bin ich lange der Auffassung gewesen, dass der eigene Tod eigentlich irrelevant sei: »Vor meinem eignen Tod ist mir nicht bang, | Nur vor dem Tode derer, die mir nah sind. | Wie soll ich leben, wenn sie nicht mehr da sind? || Allein im Nebel tast ich todentlang | Und laß mich willig in das Dunkel treiben. | Das Gehen schmerzt mich halb so wie das Bleiben. || Der weiß es wohl, dem gleiches widerfuhr; | – Und die es trugen, mögen mir vergeben. | Bedenkt: den eignen Tod, den stirbt man nur, | Doch mit dem Tod der andern muß man leben.«[20]

Geneigt, es aus diesem Grund mit der preußischen Nüchternheit Hannah Arendts zu halten – »Der Tod ist der Preis, den wir für das Leben, das Gelebt-haben, zahlen. Diesen Preis nicht zahlen wollen, ist schofel« –,[21] habe ich nicht gesehen, dass der eigene Tod ja auch der Tod einer Anderen ist, für die Anderen nämlich, wie mir der Philosoph Karsten Harries in einem persönlichen Gespräch zu Recht entgegenhielt. Der Tod ist also gerade nicht »unbezüglich«, wie Heidegger meint.

19 Joachim Hake, *Abschiede und Anfänge. Notizen*. Sankt Ottilien: Eos 2015.

20 Mascha Kaléko, *Memento*. In: Dies., *Verse für Zeitgenossen* [1945]. Reinbek: Rowohlt 2013.

21 Hannah Arendt, *Denktagebuch*. München: Piper 2002.

Niemand hat diese Tatsache erschütternder dargestellt als W. Somerset Maugham. Sein Roman *Der Menschen Hörigkeit* beginnt mit der Schilderung einer sterbenden Mutter, die mit schwindenden Kräften ihren Sohn liebkost, wohlwissend, dass es zum letzten Mal sein wird.[22] Würde sie, vor die Wahl gestellt, mit Montaigne sagen: »Ich löse mich von allem, außer von mir selbst«? Ist dieses Selbst nicht untrennbar verwoben mit dem schlafenden Kind in ihrem Arm? Ist dieses Band zwischen dem Kind und ihr nicht das Leben überhaupt? Wie könnte diese Mutter sagen, dass der Verlust des Lebens kein Übel ist? In ihrem Flehen (»Ach, nehmen Sie ihn mir noch nicht weg«) ist nicht die Angst vor dem eigenen Tod, sondern der unendliche Schmerz darüber, mit dem Leben auch das Geliebteste zu lassen, schlimmer, alleine zu lassen, im Stich zu lassen.

Camus' Grundfrage, ob das Leben es wert ist, gelebt zu werden oder nicht, stellt sich ganz anders dar, wenn man sich nicht als Atom, sondern als liebend-geliebter Teil einer Gemeinschaft begreift. In Shakespeares *Sonnet LXVI* zum Beispiel steigert sich die Verzweiflung über den Irrsinn der Menschen bis zur Lebensmüdigkeit: »Tired with all these, for restful death I cry«. Dem Überdruss kann nur die Gegenkraft der Liebe Einhalt gebieten, denn alles was auf Erden hält, ist der geliebte Mensch: »Tired with all these, from these would I be gone, | Save that, to die, I leave my love alone.« Die Geliebten nicht alleine, nicht im Stich zu lassen, ist für die auf Sand bauende Liebe eine *raison d'être*

22 W. Somerset Maugham, *Der Menschen Hörigkeit*. Zürich: Diogenes 1986.

und eine Antwort auf Camus' Grundfrage. Und vielleicht führt sie sogar zu der Einsicht, auch den Tod der unbekannten Anderen als wirklich zu nehmen.

Die Alternative zum Leiden

Wenn Liebe aber verlangt, sich nicht aus Selbstschutz in die Unbedürftigkeit zurückzuziehen, sondern sein Lebensglück an jemanden zu binden, der einem jeden Augenblick genommen werden kann – bedeutet Liebe dann nicht unweigerlich den größten Schmerz? Kann also doch nur glücklich sein, wer hat, was kein Schicksalssturm ihm rauben kann?[23]

Es gibt nur wenige Philosophen, die bereit waren, den Preis zu entrichten, den es unweigerlich kostet, andere Menschen zu lieben. Unter ihnen ist C. S. Lewis: »There is no safe investment. To love at all is to be vulnerable. Love anything, and your heart will certainly be wrung and possibly be broken. If you want to make sure of keeping it intact, you must give your heart to no one, not even to an animal. Wrap it carefully round with hobbies and little luxuries; avoid all entanglements; lock it up safe in the casket or coffin of your selfishness. But in that casket – safe, dark, motionless, airless – it will change. It will not be broken; it will become unbreakable, impenetrable, irredeemable. The alternative to tragedy, or at least to the risk of tragedy, is damnation. The only place outside Heaven where you can be perfectly safe from all the dangers and perturbations of love is Hell.«[24]

So unerträglich schon die Vorstellung und erst recht die Wirklichkeit des Verlusts ist: Die Alternative zum Leiden ist die vollendete Sinnlosigkeit eines Lebens, das die Kostbarkeit der Anderen nie erfährt.

23 Aurelius Augustinus, *De beata vita. Über das Glück*. Stuttgart: Reclam 2006.

24 »Zu lieben bedeutet, verletzlich zu sein. Es gibt da keine sichere Investition. Wenn du irgendetwas liebst, wird dein Herz mit Sicherheit ausgepresst und womöglich sogar gebrochen werden. Wenn du sicher sein willst, dass es intakt bleibt, darfst du es niemandem schenken, nicht einmal einem Tier. Umgib es sorgfältig mit Hobbys und kleinem Luxus; vermeide alle Verstrickungen; schließe es sicher in der Schatulle oder dem Sarg deines Egoismus ein. In dieser Schatulle aber – sicher, dunkel, bewegungslos, luftlos – wird es sich verändern. Es wird nicht zerbrechen; es wird unzerbrechlich, undurchdringlich, unansprechbar werden. Die Alternative zur Tragödie, oder zumindest zum Risiko der Tragödie, ist die Verdammnis. Der einzige Ort außerhalb des Himmels, an dem man vor allen Gefahren und Störungen der Liebe vollkommen sicher sein kann, ist die Hölle.« C. S. Lewis, *The Four Loves*. Glasgow: Collins 1977. Ich danke Judith Wolfe, Theologieprofessorin in St Andrews, dass sie mich auf dieses Zitat aufmerksam gemacht hat.

Verantwortung zum Verschwinden bringen Handreichungen von Søren Kierkegaard

Von Christian Wiebe

Seit etwa einem halben Jahr liegt ein Zeitungsartikel vor meinem Schreibtisch – nicht: vor mir auf dem Schreibtisch, denn dort ist kein Platz mehr, sondern vor meinem Schreibtisch auf dem Laminatfußboden. Er fordert so fast täglich eine Reaktion von mir, ein Drumherum oder Hinübersteigen oder endlich In-die-Hand-Nehmen. Der Artikel stammt von Andreas Reckwitz, trägt den Titel *Das Ende ist ziemlich nah* und handelt von nichtlinearen Verläufen und Kipppunkten in unserer Gesellschaft: »Vielgliedrig vernetzte soziale Zusammenhänge, wie sie die heutigen Gesellschaften kennzeichnen, sind hochgradig anfällig für einzelne Irritationen, die sich kaskadenhaft verdichten und in die Katastrophe münden können.«[1]

Das Thema ist für das Feuilleton nicht neu – Nassim Nicholas Talebs gewaltige Bestseller beispielsweise liegen schon mehr als zehn Jahre zurück –, aber intellektuell reizvoll geblieben. Nichtlineare Verläufe erscheinen, nach Reckwitz, kontraintuitiv; sie nachzuvollziehen, verspricht also, hinter die glatte Oberfläche zu schauen. Und sie sehen auf eine interessante Weise anarchistisch aus. Der Kipppunkt teilt dann die Welt in ein unverständliches Vorher und ein Nachher à la »Das hätten wir doch wissen müssen« ein, das Reckwitz in diesem Sinne eindringlich beschreibt. Alle Verantwortung liegt damit beim »Vorher«, denn sobald etwas kippt, kippt es bereits. Es sei denn, jemand hielte den kippenden Gegenstand noch auf.

Die Literaturwissenschaft sollte sich auskennen mit Kipp-, Wende- und Umschlagpunkten of no return, denn seit Aristoteles ist die Peripetie – der Umschlag von Glück in Unglück oder umgekehrt – bedeutsam für die Strukturanalyse literarischer Texte, und längst nicht mehr nur für Tragödien. Ein in dieser Hinsicht faszinierender Text stammt von Ludwig Tieck, *Der Hexensabbat*, eine Novelle aus dem Jahr 1832. Die hervorragende Reclam-Ausgabe, die Walter Münz mit Anmerkungen, historischen Dokumenten und einem dichten Nachwort versehen hatte, ist längst vergriffen. Die Wiederentdeckung scheint gescheitert.

Mir fällt allerdings kein Text der deutschen Literatur ein, der so eindringlich den Augenblick des Kippens festhält. Tieck lässt zu Beginn eine erstaunlich optimistische Gesellschaft im französischen Arras des 15. Jahrhunderts auftreten: »Die Welt ist heiter geworden und wird sich immer mehr aufhellen, das wissen die Priester selbst und verkündigen es«,[2] so die Hoffnung der Protagonistin. Gezeigt wird eine Gesellschaft, die über Kunst und das Tagesgeschehen diskutiert, die Fröhlichkeit sucht und Liebe. Eifersucht und Machtstreben deuten sich an, aber das sollte ja kaum beunruhigen. Die

1 Andreas Reckwitz, *Das Ende ist ziemlich nah*. In: *Zeit* vom 23. März 2023.

2 Ludwig Tieck, *Der Hexensabbat. Novelle*. Hrsg. v. Walter Münz. Stuttgart: Reclam 1988.

Geschichte wird dann mit einem der ersten großen Hexenprozesse Europas enden, Unschuldige werden verbrannt, jeder Optimismus zerstört.

Dazwischen ist offensichtlich etwas gekippt. Und es ist gar nicht so leicht zu sagen, wann dort etwas kippt und wer verantwortlich ist, obwohl die Handlung überaus wahrscheinlich erzählt ist. Der Text verdichtet gerade nicht alles auf ein Moment und auf eine Figur, die dann die Katastrophe zu verantworten hätte, sondern führt in eine moderne gesellschaftliche Komplexität. Ein Bischof darf zwar weitgehend Fanatismus und Brutalität verkörpern, aber damit ist nichts beantwortet, sondern die Frage wird erst richtig gestellt: Wie kann die Stadtgesellschaft es so weit kommen lassen? Und wer hätte das alles stoppen können? Also: Wer trägt welche Verantwortung dafür?

Nur wenige Jahre später wird für Søren Kierkegaard die Verantwortung zu einem zentralen Thema: Kierkegaard sieht in Bezug auf die Verantwortlichkeit im modernen Staat kulturkritisch Auflösungserscheinungen. Nur zufällig erneut in Frankreich angesiedelt, eigentlich ins Allgemeine zielend, schreibt er: »Der König von Frankreich ist bekanntlich nicht verantwortlich, hingegen ist es der Minister, der Minister will es nicht sein, sondern will Minister sein, sofern der Staatssekretär seinerseits verantwortlich wird, zuletzt endet es natürlich damit, daß die Wächter oder Straßenwärter verantwortlich werden.«[3]

Die Verantwortung sickert nach unten, aber das ist nur die halbe Strecke auf dem Weg zur modernen Gesellschaft, die sich im schlimmsten Fall nicht allein einer verantwortungslosen Regierung ausgesetzt sieht, sondern die auch kein Gegenüber mehr kennt, das Verantwortung übernähme: »[…] warum haben die Regierung und die Regierenden solche Angst davor, die Verantwortung zu übernehmen, wenn sie nicht eine Angriffspartei fürchteten, die ihrerseits mittels einer ähnlichen Scala die Verantwortung immer wieder von sich abschöbe? Stellte man sich nun vor, daß diese beiden Mächte sich gegenüber stünden, außerstande jedoch, einander zu fassen, weil die eine immerfort vor der anderen verschwände, die eine vor der anderen nur figurierte, so wäre ein solcher Plan sicherlich nicht ohne komische Kraft.« Sofern Entscheidungen nicht getroffen werden, sondern sich stattdessen in einem Prozess – Versuch einer politischen Sprache – »Weichenstellungen ergeben«, verschwindet jede persönliche Verantwortung.

Von Kierkegaard in unsere Zeit, zu modernen Medien oder zur Künstlichen Intelligenz erfordert es nun keinen waghalsigen Sprung mehr. Bereits seit einiger Zeit wird Kierkegaard ganz im Gegenteil als Denker moderner Medien aufgerufen.[4]

3 Sören Kierkegaard, *Entweder – Oder. Teil I und II*. Unter Mitwirkung von Niels Thulstruo und der Kopenhagener Kierkegaard-Gesellschaft, hrsg. v. Hermann Diem u. Walter Rest. Aus dem Dänischen von Heinrich Fauteck. München: dtv 2014.

4 Hinweise auf diese Tendenz in der Forschung gibt Christopher Black, *Choosing for Yourself in the Age of the Social Media Echo-Chamber. Some Kierkegaardian Reflections on Online Algorithms*. In: Mélissa Fox-Muraton (Hrsg.), *Kierkegaard and Issues in Contemporary Ethics*. Berlin: de Gruyter 2020.

Die Forschung stützt sich besonders auf Kierkegaards *Eine literarische Anzeige*, in der er ausgehend von einer Buchbesprechung eine grundsätzliche Kulturkritik entwickelt. Das ganze Potential des Textes hat wohl zuerst der Kierkegaard-Vermittler Theodor Haecker bemerkt, der 1914 ausgewählte Teile des kleinen Buchs als *Kritik der Gegenwart* in der damals bedeutenden avantgardistischen Zeitschrift *Der Brenner* veröffentlichte. Den Bezug zu seiner Gegenwart stellte Haecker mit den Passagen her, die heute noch die Brücken zu unserer Gegenwart sein sollen, über die die Forschung dann hinübergeht.

Kierkegaard entwickelt dort einen Begriff des Publikums, das keine Verantwortung kennt, weil es nurmehr als Abstraktum besteht. Dieses Publikum setze eine Nivellierung in Gang, in der das einzelne Subjekt untergehe. Kierkegaard sieht sich in einer leidenschaftslosen Zeit, in der keine begeisterte Tat mehr ausgeführt werde, sondern vor dem allgemeinen Publikum alles in Indifferenz versinkt. Mit diesem Text lässt sich nun seit mehr als hundert Jahren Medien- und Kulturkritik betreiben, deren Überraschungseffekt sich so langsam abgeschwächt haben sollte, die aber trotzdem zentrale Aspekte der modernen medialen Kommunikation beleuchten kann.[5]

Kaum beachtet wurde in diesem Zusammenhang ein anderes Büchlein Søren Kierkegaards, das Medien und Verantwortung reflektiert: *Vorworte* von 1844. Die Anlage des Buches ist genial. Kierkegaards Pseudonym Nicolaus Notabene gibt seine Sammlung von Vorworten heraus, zu denen er die Bücher niemals geschrieben hat. Wie Notabene in einem Vorwort zu den folgenden publizierten Vorworten erläutert, hat er überhaupt kein einziges Buch veröffentlicht. Alles ist vorläufig geblieben.

Diese Idee ist überaus anziehend, aber die Texte stoßen stellenweise ab: Im einleitenden Vorwort beschreibt er die Schwierigkeit seiner Verfasserschaft, der eine Auseinandersetzung mit seiner Frau zugrunde liegt, und beide Figuren werden so lächerlich, dass der intellektuelle Reiz des Projekts sich zeitweise verflüchtigt; es finden sich zudem – wenige – antisemitische Stereotype im Text; und besonders nehmen die Polemiken des Verfassers gegen den dänischen Schriftsteller Johan Ludvig Heiberg einen viel zu breiten Raum ein, die zudem so bissig, scharf, penetrant sind, dass man sich, um sich die Sympathie für Kierkegaard zu erhalten, schnell den Refrain aneignet, hier spricht ja nur ein Pseudonym Kierkegaards, nicht er selbst. Hilft aber nichts, denn an diesen Stellen vertritt das Pseudonym schlecht getarnt Kierkegaards Ansichten, an anderen Stellen dagegen – und das macht die Rezeption deutlich schwieriger als die der *Literarischen Anzeige*, die unter Kierkegaards Klarnamen erschienen ist – fällt eine Entscheidung schwer, wie die Aussagen denn nun von Kierkegaard gemeint sein sollen.

Trotz dieser Hindernisse könnte sich eine neue Lektüre lohnen, um zu sehen, wie hier Verantwortung zum Verschwinden gebracht wird. Schon die Anlage des Buchs gibt einen deutlichen Hinweis, da alle Texte ihr Thema nur umspielen, nur

5 Lesenswert ist z.B. Patrick Stokes, *Kierkegaard's Critique of the Internet*. In: Mélissa Fox-Muraton (Hrsg.), *Kierkegaard and Issues in Contemporary Ethics*.

eine Annäherung sind. Bevor ein einziges Buch richtig beginnt, brechen die Überlegungen wieder ab. Nicolaus Notabene gewinnt dem etwas ab, da sich nun das Vorwort vom Buch emanzipiere, es so »Stimmung« werden kann, vergleichbar mit der Lyrik: »Ein Vorwort schreiben heißt gleichsam die Türglocke eines Manns ziehen, um ihn zu foppen; [...] gleichsam den Hut schwenken, obschon man niemanden grüßt.«[6] Eine ganze Reihe von Tätigkeiten wird vorgeführt, die jeweils ihren Zweck verlieren, aber gerade so, ohne eine bestimmte Pragmatik, eine Stimmung ausdrücken können.

Das jedoch ist ambivalent, da etwas mit Blick auf die Verantwortung kippt: »Ein Vorwort schreiben heißt gleichsam etwas getan haben, das dazu berechtigt, eine gewisse Aufmerksamkeit zu beanspruchen, gleichsam etwas auf dem Gewissen haben, das die Verantwortlichkeit reizt; [...] es heißt gleichsam mit dabei sein ohne die geringste Beschwer davon zu haben, daß man mit dabei ist [...].« Die Verantwortlichkeit wird gereizt, aber getragen werden muss sie nicht. Man ist dabei gewesen, aber hat der Handlung die Ziele abgeschnitten. Aufmerksamkeit beanspruchen, aber sich nicht die Mühe machen, ein eigenes Ziel zu verfolgen: Das ist die Strategie des Vorworte-Schreibers, die sich – Belegmaterial quillt aus dem Internet – durchaus bewährt hat.

Die folgenden Vorworte zeigen dann explizit oder implizit weitere Möglichkeiten, Verantwortung zum Verschwinden zu bringen. Ich sehe drei. Nah dran am bisher Gesagten ist erstens der Zusammenhang von Unkenntnis und Verantwortung. Die Situation ist ein vertracktes Spiel: In einem Vorwort zu einem Buch, das es nicht gibt, schreibt Nicolaus Notabene darüber, wie ein Buch bewertet und besprochen wird, das niemand liest. Phrasenhafte Gespräche über dieses Buch finden dennoch statt: »›Ich habe es noch nicht gelesen, aber von einem Freund auf dem Lande, der weiß Gott ein guter Kopf und ein Kenner ist, hab ich gehört, daß das Buch verfehlt ist; wenn auch recht schöne Stellen darin sind.‹ – Hiermit hängt es folgendermaßen zusammen. Jener Freund auf dem Lande hat das Buch nicht gelesen, hat aber einen Brief bekommen von einem Mann aus der Hauptstadt, der das Buch auch nicht gelesen hat, wohl aber die Anzeige [eine Rezension], die wiederum von einem Manne geschrieben war, welcher das Buch nicht gelesen hatte, aber gehört hatte, was jener vertrauenswürdige Mann sagte, der bei Reitzel ein wenig darin geblättert hatte.«

Das Meta-Spiel ist in Gang gekommen, bei dem am Ende nur die Kommentare der Kommentare bleiben, aber jede Kenntnis abhanden gekommen ist. Unwissenheit schütze zwar vor Strafe nicht, aber es geht nicht um das Gesetz, sondern um Ethik. Dort kann fallweise gelten: Unkenntnis schützt vor Verantwortung – die sich in der Reihe der Verweise verflüchtigt. Das selbstreferentielle Spiel treibt Notabene dann auf die Spitze, wenn er einen Mann mit fragwürdiger Reputation auftreten lässt, der einen Keller mieten möchte. Ein Bürge wird also gesucht, aber der Mann bleibt entspannt und sagt: »Seien Sie ohne Sorge, ich bin für bar Geld gut genug,

6 Sören Kierkegaard, *Vorworte*. In: Ders., *Der Begriff Angst. Vorworte. 11. und 12. Abt. der gesammelten Werke*. Übersetzt von Emanuel Hirsch. Düsseldorf: Eugen Diederichs 1965.

denn ich bin selber Bürge für einen Kellermann in der Strandgasse.« Glaubwürdigkeit wird zu einem Spiel der Verweise, das keine Referenz mehr kennt.

Dieses Verweis-Spiel führt hinüber zu, zweitens, dem Verschwinden der Positionierungen. Auf den ersten Blick scheint diese Perspektive nicht richtig in unsere Zeit zu passen, der Zuspitzung, Polarisierung, Radikalität nachgesagt wird. Nicolaus Notabene sieht dagegen lauter Weltgeist-Optimisten in der Nachfolge Hegels vor sich, deren Bücher gegenüber früheren nur auszeichnet, »daß das Wort: Vermittlung zu mehreren Malen auf jedweder Seite vorkommt [...].«

Es gehe nicht mehr darum, eine Sache zu erörtern, sondern darum, über die bisherigen Erörterungen wie durch ein Zauberwort hinauszukommen. Neues entsteht auf diese Weise nicht. Gleich zu Beginn des Vorworts wird das abgehakt: »Ein Buch schreiben ist in unseren Zeiten das Leichteste von allem, wenn man nach bewährten Brauch zehn ältere nimmt, die den gleichen Gegenstand behandeln, und daraus ein elftes über den gleichen Gegenstand zusammenschreibt.« Die Analogie liegt auf der Hand – für Nicolaus Notabene noch nicht, da sein Vorwort bekanntlich in die Zeit vor der Veröffentlichung von ChatGPT fällt.

Heute allerdings lässt sich direkt zur Künstlichen Intelligenz hinüberschwenken, deren Konzeption bei den Chatbots in eine ähnliche Richtung wirkt: Aus den alten zehn Büchern – eher mehr – werden immer neue Texte zusammengeschrieben. Und warum nicht gar mit der Hoffnung, dass so Texte entstehen können, die das Alte in einer Weise vermitteln, die nun Gültigkeit beanspruchen kann? Verantwortung für einen einzelnen Menschen ist jedenfalls zum Verschwinden gebracht, der offenbar in diesem Referenz- und Vermittlungsspiel gar keine eigene Position mehr einnimmt.

Um den Einzelnen und seine Verantwortung geht es implizit, drittens, insofern diese für die Zugehörigkeit zu einer Gruppe hingegeben wird. Eines der Vorworte erzählt von der »Gesellschaft für völlige Enthaltsamkeit«, die ihren Mitgliedern Bedeutung verleiht, weil sie einem Verzicht auf alkoholische Getränke, der alle möglichen, banalen, persönlichen Gründe haben kann, Bedeutung für das Ganze verleiht: »Wenn nämlich der Einzelne tut, was in der Regel für den Einzelnen sogar das Gleichgiltige ist, so wird er, falls er in unsre Gesellschaft eintritt, damit wichtig für das Ganze.«

Hier wird nicht das Ziel suspendiert, sondern die Ziele gehen auf in der Gruppe. Das Versprechen, das damit einhergeht, ist Bedeutung für den Menschen; eine Bedeutung, die von der Gruppe produziert wird: »Daß das Bedeutende bedeutend ist, was wäre daran wohl Wunderbares; aber das, was an und für sich unbedeutend ist, bedeutungsvoller zu machen als das Bedeutungsvollste – das ist denn doch eine Aufgabe.«

Verantwortung ist nun eine Kategorie, die nicht mehr richtig treffen kann. Die Gesellschaft für völlige Enthaltsamkeit misst sich nur noch daran, welchen Impact sie hat.[7] Die Ziele können – und das

7 Vgl. dazu grundlegend Heinz Hiebler, *Der Don Juan des Glaubens. Mediale Paradoxien des religiösen Schriftstellers bei Søren Kierkegaard*. In: Hermann Deuser / Markus Kleinert (Hrsg.), *Sokratische Ortlosigkeit:*

ist bemerkenswert politisch gedacht – innerhalb der Gesamtgesellschaft durchaus kontrovers sein, die Gesellschaft für völlige Enthaltsamkeit eckt an. Bedeutung heißt hier deshalb nicht allgemeine Zustimmung, sondern die Konstruktion eines ideologischen Kerns, dem dann die Gruppe Bedeutung zuspricht.

Allein aufgrund seiner Anlage geht es in *Vorworte* vor allem um die Verantwortung des Schreibenden. Es geht um sein Verhältnis zu seinen Medien. Und es finden sich auch andere Vorstellungen in den Vorworten, die eine Verantwortung nicht zum Verschwinden bringen, sondern für den Einzelnen auf eigene Weise herstellen. Wie aktuell Kierkegaard hier ist, zeigt sich gerade dadurch, dass seine Überlegungen so weit weg von unserer Zeit zu sein scheinen: »Anstatt der ungeheuerlichen Aufgabe alle Menschen zu verstehen, hat er [der Autor] erwählt, was man vielleicht beschränkt und armselig nennt, sich selbst zu verstehen, und denn sogleich auch, warum er Schriftsteller sein will, wo doch der Trieb in ihm nicht ist, was ein Trieb im Geistigen niemals sein darf, ein nach außen reflektierter, so daß er sich nicht mit vielem Wichtigtun entschließt ein Buch zu schreiben, um andern zu helfen, sintemal er weiß, ein jeder Mensch sei wesentlich gleich klug, und vor allen Dingen, ein jeder Mensch müsse sich wesentlich selber helfen. Ist der Trieb dagegen innerlich und nach innen reflektiert, so schreibt man ein Buch, wie der Vogel sein Lied singt, wie der Baum seine Krone reckt; ist da jemand, der sich daran freut, nun, umso besser.«

Kierkegaards Idee des religiösen Schriftstellers. Freiburg: Alber 2019.

Nachtmusik

Von Sibylle Severus

Alle Leute hatten die Wahl gehabt, spazieren zu gehen oder der Einladung des Künstlers in sein Haus zu einem Konzert zu folgen. Dass es ihn überhaupt in der Stadt gab, war so hübsch wie der Vollmond am Nachthimmel.

Das Publikum, das im kleinen Saal des schmalen Hauses saß, hatte am Mond vorbeigehen müssen. Er leuchtete in bestem Goldton, eingepasst in das kreisrunde Loch eines zwetschgenfarbenen Himmels. Die Leute hatten den Mond angesehen, und das Bild hatte sie sanft gestimmt. Es handelte sich meist um feinfühlige Menschen, die einen vollkommenen Septemberabend zu würdigen wussten.

Dichtgedrängt saßen sie auf hartem Holz. Der Künstler stand auf einem kaum erhöhten Podium, das Blasinstrument in Händen. Als völlige Stille eingetreten war, sagte er: »Ich muss meine weiße Schnur holen!«, und ging.

Das Konzert war nicht wochenlang vorher durch Publicity zum Ereignis gemacht worden. Man war mehr oder weniger unter sich, viele kannten den Hausherrn persönlich. Also lehnte man sich zurück, nahm das unterbrochene Gespräch wieder auf oder las das Programm.

Und doch fragten sich einige Leute, warum der Musiker – wenn er die weiße Schnur wirklich benötigte – nicht einen Vorrat von mindestens drei Stück in seinem Instrumentenkoffer hatte. Andere überlegten, ob es sich um den Talisman einer geliebten Person oder eines Medizinmannes handelte. Eine boshafte Frau aber hielt das Ganze für einen Gag, ähnlich dem des Seiltänzers, der einen vorgetäuschten Sturz im letzten Moment mit der linken Hand abfängt. Die guten Freunde wussten, dass der Musiker wirklich nur die eine weiße Trageschnur besaß, um daran sein Instrument zu befestigen.

Lange verhielt sich das Publikum geduldig. Die Ruhe des Künstlers, ja die Trägheit, mit der er hinausgegangen war, hatte besänftigend gewirkt – als heitere Gelassenheit des Gastgebers. Doch wie die schnellziehende Wolke den Mond von einer Sekunde zur anderen verbirgt, schlug die Stimmung um, ohne dass später jemand hätte sagen können, weshalb. Viele Leute bereuten plötzlich, nicht spazieren gegangen zu sein. Wahrscheinlich war es die giftige Person, die alles für einen Witz gehalten hatte, die zuerst aufsprang und rief: »Gehen wir! Helfen wir ihm suchen!«

Sofort erhoben sich alle. Sie drängten aus beiden Türen. Schulter an Schulter stiegen sie die enge Treppe hinauf und ergossen sich in die Privaträume des Fagottisten. In den Zimmerchen gab es nur schmale Pfade. Der Boden war angefüllt mit Gegenständen, Stapeln, Behältnissen aller Art. Flohmärkte schienen hier festgewachsen zu sein. Der Mann besaß einemillioneinhundertdreiunddreißig Dinge.

Eine Gruppe umstand eine Couch oder ein Bett, auf dem Berge von frischgewaschenen Hosen, Unterhosen, Hemden, Pullovern lagen. Jemand sagte: »Er scheint sie vom Garten, von der Wäscheleine, durch das Fenster direkt auf das Bett zu werfen.«

Ordentlich veranlagte Männer wie Frauen begannen Hemden und Hosen glattzustreichen und zusammenzulegen. Andere warfen Zerrissenes und Ausgebeultes in den weißen Plastiksack einer Altkleidersammlung.

»Halt!«, rief der Künstler, »die Sachen brauche ich zum Arbeiten.«

Schuldbewusst zogen die Leute die Kleider wieder heraus. Sie fragten, wo sie die geordneten Stapel einräumen könnten. Im zweiten Stock, in den Wandschränken, bestimmte der Mann.

Eine schüchterne junge Frau entschuldigte sich: »Wissen Sie, wir sind auf der Suche nach der weißen Schnur.«

»Ich auch!«, rief der Künstler.

»So viele Kleider kann ein einziger Mensch mit nur zwei Armen und zwei Beinen gar nicht tragen«, sagte die boshafte Person.

Der Musiker riss eine Jacke aus dem Stapel: »Hier«, rief er, »für ihren Mann, falls er dick ist. Er ist doch sicher dick? Ich bin zu schlank dafür.«

»Ich habe keinen Mann, weder einen dicken noch einen dünnen – und ich bin sehr froh darüber!« Sie lachte laut. Niemand bezweifelte ihre Worte.

Die Menge drängte weiter. Der Blick auf ein wandfüllendes Bücherregal war frei geworden. Darauf standen, dicht gestapelt, fünfzig oder fünfundsiebzig gerahmte Bilder. Die Aufgebrachte begann, auf der Suche nach der Schnur, Bild um Bild vom Regal an die Wände umzuschichten. Schließlich vergaß sie das Suchen über einer Landschaft mit eigenartigen Bäumen, mit einem Mann und einem Hund, die mit dem Rücken gegen den Betrachter an einem mondhellen Weiher saßen. Das Wasser war die zentrale Aussage der Radierung: eindeutig wie die Ewigkeit.

Alle Räume waren hoffnungslos verstopft. In einem Zwischengang reinigten Männer und Frauen an einem Wasserhahn Dutzende von Gläsern. Andere hatten schwarze Plastiksäcke der städtischen Müllabfuhr gefunden und warfen zerbrochenes Material, Gefäße mit eingetrockneter Farbe, verpackte undefinierbare Dinge hinein. Der Künstler, die meisten überragend, gab Anweisungen, was weggeworfen werden durfte. Als einige Männer an einen Stapel von Zeitschriften und Büchern stießen, der vom Boden empor wuchs, senkte sich der Berg in Zeitlupe lautlos zur Seite, zog andere Haufen mit, ergoss sich über Beine und Schuhe der Dichtgedrängten.

»Ich bin wegen eines Konzerts gekommen!«, kreischte die Boshafte, aus den Bildern emportauchend.

»Ich hasse es, wenn ich gehetzt werde!«, brüllte der Musiker.

Ein paar vernünftige Leute schlugen vor, die Flut am Boden, an den Rändern der Stufen und unter der Treppe zu bergen. Doch unter der Treppe hatte der Mann eine Papiersammlung angelegt. Der ganze Hohlraum war vollgestopft mit Zeitungen.

Zeugen wussten später zu berichten, dass sich zu diesem Zeitpunkt die ersten Resignierten zum Ausgang vorgearbeitet hatten und schnell davongingen.

Eine Gruppe hatte sich auf den Boden gesetzt und betrachtete Alben mit alten Postkarten. Wieder andere bereiteten im zweiten Stock eine Mahlzeit für die Hungrigen. Unter ihnen der Hausherr. In bester Laune wählte er aus unter den Gewürzen der westlichen und der östlichen Welt, die er alle besaß. Er schlug einhändig Eier auf, briet Lammkoteletts in zischend heißem Öl, organisierte Salatwäscher, ließ Leute Teller warmstellen, bildete eine Kette, welche die gewaschenen Gläser herbeischaffte.

Köstlicher Duft zog durch die Räume. Nach und nach ließ man von den Stapeln ab. Die weiße Schnur, von den meisten schon vergessen, würde sich doch nicht finden lassen. Am Chaos hatte sich, obwohl mehrere Abfallsäcke gefüllt worden waren, nichts geändert.

»Niemand macht mir ein Kompliment«, klagte der Künstler, »obwohl ich mich von so vielen Dingen getrennt habe.« »Abfackeln sollte man alles!«, flüsterte die Giftige, weithin hörbar. Der Hausherr hasste sie stumm.

In gelöster Stimmung saß das Volk auf Schachteln und Haufen, auf Treppenstufen und Böden. Die Stühle konnten nicht benutzt werden. Dort lagen grafische Blätter, und der Musiker erlaubte niemandem, sich darauf zu setzen. Es gäbe Leute, die dazu imstande wären, sagte er.

Belebt von erstklassigem Essen und feurigem Wein rief ein Gast: »Ich schenke dir einen Heustadel, dann hast du Platz.«

»Davon habe ich immer geträumt«, antwortete der Mann, »von einem Gehäuse mit einem Raum, einem Stuhl, einem

Tisch, einem Bett, einem Ofen und einem Flügel zum Komponieren.«

Aber die Scheune stehe oben auf einem Berg, sagte der andere, man könne nur zu Fuß hinauf. Wasser gäbe es im Brunnen vor dem Haus. Alles, was man auf den Berg bringen wolle, müsse man vorher prüfen wie ein Gericht; jedes Kilo müsse stundenlang auf dem Buckel hinaufgetragen werden, Tritt für Tritt.

Die Boshafte mischte sich ein: »Der Mann ist eine Reuse. Die Dinge fließen ihm von Land, Luft und Wasser zu. Seine Stapel werden Füße bekommen und tatzelwurmartig stadtauswärts wandern. In drei Wochen wird der Stadel randvoll mit Material sein. Ich habe ein altes Schiff, das kann er auch noch haben –«

»Danke«, sagte die Reuse, »auch das Schiff kann ich brauchen. Meine Stapel sind die geistige Beziehung zu der Zeit, in der ich lebe, sind mein Gedächtnis, meine Arbeitsgrundlage –«

Den Aspekt hatte die Boshafte übersehen und außerdem ein Schiff verschenkt; mit geschlossenen Augen arbeitete sie konzentriert an einem Ausweg. Vom Schiff ablenkend, fragte sie aggressiv, wer heute noch Stapel brauche? Im digitalen Zeitalter! Vermutlich hätte er auch keinen Computer. Es gäbe zudem eine taugliche Künstliche Intelligenz, schäumte sie.

Niemand hatte zugehört. Der Künstler, von einer Begeisterung verschönt, griff in die linke Hosentasche und zog die weiße Schnur heraus. Die hängte er sich um den Hals, sie reichte bis zur Brust, ein Haken baumelte daran.

»Konzert!«, rief er und ging dem Publikum voran die Treppen hinunter, auf denen nur ein schmaler Durchgang frei geblieben war, in den kleinen Saal. Er hakte das Instrument an die Trageschnur und begann augenblicklich zu spielen.

Mit gewaltigen, mit vollen, mit zarten und wilden Tönen, mit seinen Klängen und Rhythmen verzauberte er die Leute, führte sie weg aus dem Haus, flog mit ihnen davon. Spielte wunderbare, auch heitere Musik, schöpfte den sinnlichen Fagottklang voll aus, bis seine Lippen schmerzten. Ein Mann am Flügel löste ihn ab. Später improvisierten die beiden, als seien sie ein einziger Mensch. Bis es Mitternacht schlug und eins und zwei. Bis niemand mehr klatschen mochte, die Handflächen waren rot.

Da öffnete der Künstler beide Türen weit. Man trat hinaus auf die stille Straße und suchte den Mond am Himmel. Ganz woanders war er inzwischen, auch nicht mehr golden, sondern fahl. Belebt von der frischen Nachtluft, überlegten die Leute, wie dem Künstler zu danken sei.

Die Idee kam von der Boshaften. Sie schlug vor, jeder trage mit seinen zwei Händen so viel Material aus dem Haus, wie er fassen könne. Nach eigenem Ermessen werfe man dafür einen Schein oder eine Münze in einen Topf. Die Dinge hätten ihren Zweck erfüllt und ausgedient. Sie hingen jetzt wie Bleigewichte am Künstler und würden ihm die Luft zum Atmen und die Zeit zur Arbeit an der Musik nehmen, an der sie doch alle interessiert seien.

Niemand widersprach. Geordnet gingen jeweils sieben Personen hintereinander die Treppe hinauf, beladen kamen sie zurück. Der Mann saß auf dem Türvorleger auf dem Trottoir, den Rücken an die Wand gelehnt, schlafend oder wachend.

Einige dankten, strichen ihm übers Haar. Frauen küssten ihn auf Wangen und Stirn – ja, sogar auf den Mund, ohne vorher gefragt zu haben.

Als der Letzte gegangen war, schnellte der Sitzende hoch. Er stürmte in sein kleines Haus, sprang die Treppen hinauf, tanzte durch alle Zimmer, rollte über Böden; war zu groß, um in die Luft zu springen, trat an befreite Fenster.

Feierlich legte er die weiße Schnur auf den kahlen Boden, fand ein Bett, auf dem nichts lag, fühlte sich als Fürst in einem Schloss, das neuen Gebirgen Platz bot, fühlte sich als Herr seiner kostbaren Zeit.

Lachend strich er über die Wände, an denen nur noch ein einziges Bild stand: der Weiher.

Ideen rauschten in ihm auf, ein Kinderlied fiel ihm ein, ein Kindertraum – Kinderangst und Kinderglück.

Der Komponist notierte das Lied in einem Zug von Anfang bis zum Ende auf die Wand, neben dem Bild mit dem Weiher, und widmete es einer Hexe, die ihm ein Schiff schenken würde. Daran hatte er nicht den geringsten Zweifel.

Deus ex machina

Von David Gugerli

Am 26. August 1660 zogen Louis XIV. und Marie-Thérèse von Österreich als frischvermähltes Paar in Paris ein. Ihre Vermählung war sorgfältig ausgehandelt worden und hatte zu den Bestimmungen des Pyrenäenfriedens gehört, den man als das verspätete französisch-spanische Ende des Dreißigjährigen Kriegs bezeichnen könnte. Er kann auf alle Fälle als großer Erfolg der französischen Außenpolitik gelten. Gleichzeitig rubrizierte der Einzug des königlichen Paars in die Hauptstadt den innenpolitischen Sieg der Krone über die Fronde und die Stadt.

Im spektakulären Umzug wurde das Problem, königliche Macht als absolute darzustellen, nicht gelöst. Aber er war immerhin eine von vielen Möglichkeiten, Anwesenheit und Abwesenheit des Königs miteinander zu verbinden. Offene Stadttore, Salutschüsse der Bastille, schnell errichtete Triumphbögen, der Aufmarsch aller Körperschaften der Stadt, Statuen antiker Götter, Säulen mit allegorischen Darstellungen der Freude, des Gehorsams, der Treue, der Eintracht, ein Blütenteppich auf dem Weg zum Louvre, Konzerte, folkloristische Tänze und die Büsten aller Könige Frankreichs. Die Entrée inszenierte in guter alter Tradition den Triumphzug des Herrschers mit der geforderten Huldigung durch seine Untertanen.

Wie beim Pyrenäenfrieden und der Hochzeit des Königs hatte auch hier Kardinal Mazarin die Fäden gezogen, der Noblesse und der Stadt ihre Rollen zugewiesen und das allegorische Programm bestimmt. Uwe Schultz hat das in seiner Biografie *Der Herrscher von Versailles* nochmals elegant Revue passieren lassen und dabei auf ein besonders raffiniertes Element der Inszenierung hingewiesen.

Hinter dem Tross des Königs folgte, das war selbstverständlich, der Tross des Kardinals und Strippenziehers. Aufgefallen ist wohl nur die außerordentliche Länge dieses Nachzugs. 72 Maultiere mit livrierten Knechten, gefolgt vom Stallmeister mit »24 reich gekleideten und wohlberittenen Pagen, denen wiederum 12 Pferde folgten«. Danach zogen elf sechsspännige Karossen am Publikum vorbei. Die zwölfte schließlich war die Karosse des Kardinals. Sie wurde, in Abweichung von der rangüblichen Ausstattung, nicht von sechs, sondern von acht Pferden gezogen – und war leer. Mazarin saß, zusammen mit der Mutter des Königs, auf dem Balkon eines Palais, der an der Umzugsstrecke lag. Von seiner VIP-Lounge aus beobachtete er das von ihm organisierte Geschehen, ohne daran teilnehmen zu müssen.

Das war in der Tat, wie Schultz anmerkt, ein großartiger Theatercoup. Die Szene verdeutlicht aber weit über alles Theatralische hinaus auch ein Funktionsprinzip absolutistischer Repräsentationsmaschinen. Die von wohldekorierten Kutschen, Pferden und Pagen angekündigte Präsenz des Repräsentanten königlicher Macht ist gerade dann besonders wirksam, wenn der Kardinal nicht mitten im Geschehen sitzt, sondern anderswo Platz genommen hat. Die leere Kutsche bedeutete, dass der Kardinal überall sein konnte. Die Repräsentationsmaschine produzierte, das hat der König dabei gelernt, aus dem Übermaß einer Abwesenheit wertvolle Gegenwart und Omnipräsenz.

Im höfischen Rahmen hat Louis XIV. Mazarins Lektion nicht mit einem Knalleffekt, sondern mit leisen Verschiebungen umgesetzt. Das lässt sich an jenem Dispositiv ablesen, das den König als Apoll vorführte. Der junge König hatte den Hof als Solotänzer im Kostüm des Sonnengotts beeindruckt. Lange würde er diese körperlich wie künstlerisch anspruchsvollen Auftritte nicht riskieren können. Louis hat deshalb sein Kostüm verstärkt und beim Tanz immer öfter eine Sonnengottmaske getragen. Das erleichterte es ihm, das Tanzen schließlich einem ebenfalls maskierten professionellen Tänzer zu überlassen und sich in die Rolle eines Zuschauers zu begeben.

Seit den frühen 1660er Jahren schaute Louis XIV. zu, wie ein als Sonnengott ausgerüsteter Spitzentänzer die anwesende höfische Gesellschaft in seinen Bann zog. Und alle sahen dabei nicht nur, wie der König von seinem Thron die kunstvollen Bewegungen seines allegorisch transformierten Repräsentanten betrachtete. Sie sahen auch, wie er die nach Rang und Namen aufgestellten Mitglieder des Hofs beim Zuschauen fest im Blick behielt. Die Szene multiplizierte also die königliche Präsenz und erhöhte damit die Wirkung des tanzenden Apoll, bis sich mit Fug und Recht sagen ließ: Das Bild des Königs ist der König.

Allerdings kann auch ein besonders mächtiger König nicht dauernd tanzen oder tanzen lassen. Schon gar nicht hat er laufend neue Gelegenheiten, Friedensverträge abzuschließen, dynastisch vorteilhaft zu heiraten und die Noblesse und die Hauptstadt symbolisch in die Knie zu zwingen. Er kann jedoch Aufträge erteilen und Rollen zuweisen. So habe er, weil er sich in der Musik und im Tanzen wie kein anderer an seinem Hof auskannte, die Produktion eines großen Balletts angeordnet, das zwei Jahre nach dem Einzug in Paris im Louvre aufgeführt wurde.

Davon berichtete Jacques Bonnet in seiner spektakulären Musikgeschichte von 1715. Aufwand und Wirkung seien weit über jede venezianische Oper hinausgegangen, und der maskierte König habe in mehreren Entrées getanzt und dabei »par son grand air & sa bonne grace« alle berühmten Tänzer des Hofs weggeputzt. »Effacer« ist das Wort, das Bonnet dafür verwendet. Dafür seien beim Ballett die außergewöhnlichsten Maschinen zum Einsatz gekommen.

Ein 1665 aufgeführtes Ballett zeigte, dass sich selbst diese theatralische Raffinesse noch steigern ließ. Nach dem Auftritt eines ganzen Apparats von tanzenden Allegorien, der von einer großen Zahl von Musikern und Musikerinnen des Hofes begleitet wurde, seien ganz unvermittelt die Götter Pan und Diana erschienen, begleitet von einer Flöten- und Sackpfeifensymphonie. Man sah, wie sie auf einem von mehreren Bäumen beschatteten Felsen erschienen sind, der »in der Luft schwebte, ohne dass sich die Künstlichkeit hätte entdecken lassen«, wie Bonnet entzückt festhält.

In dem vom König in Auftrag gegebenen Ballett ließ sich nicht mehr erkennen, womit der Deus-ex-machina-Effekt erzielt wurde. Die königliche Macht hatte einen Weg gefunden, nicht nur *a legibus solutus*, sondern auch losgelöst von allen Gesetzen der Mechanik in Erscheinung zu treten, indem sie die Mechanik ihrer Repräsentationsmaschinerie zum Verschwinden gebracht hatte.

Der Merkur im Internet: Aktuelle Interventionen und Kommentare, Reaktionen auf Texte in der Druckausgabe, Blicke ins Archiv, Hinweise zu Tagungen und Links zu lesenswerten Artikeln und Essays online, zu finden unter:

www.merkur-zeitschrift.de/blog/

Demnächst:

Helmut Draxler
Polarisierung und Ressentiment

Leon Birck
Freie Fahrt für freie Volksgenossen

Susanne Neuffer
Die Genazino-Treppe